Tributação
sobre renda

volume 2

Central de Qualidade — FGV Management
ouvidoria@fgv.br

SÉRIE DIREITO TRIBUTÁRIO

Tributação sobre renda

volume 2

Joaquim Falcão
Sérgio Guerra
Rafael Almeida

Organizadores

Copyright © 2016 Joaquim Falcão; Sérgio Guerra; Rafael Almeida

Direitos desta edição reservados à
EDITORA FGV
Rua Jornalista Orlando Dantas, 37
22231-010 | Rio de Janeiro, RJ | Brasil
Tels.: 0800-021-7777 | 21-3799-4427
Fax: 21-3799-4430
editora@fgv.br | pedidoseditora@fgv.br
www.fgv.br/editora

Impresso no Brasil / *Printed in Brazil*

Todos os direitos reservados. A reprodução não autorizada desta publicação, no todo ou em parte, constitui violação do copyright (Lei nº 9.610/98).

Os conceitos emitidos neste livro são de inteira responsabilidade dos autores.

1ª edição — 2016

Preparação de originais: Sandra Frank
Editoração eletrônica: FA Studio
Revisão: Aleidis de Beltran | Fatima Caroni
Capa: aspecto:design

Ficha catalográfica elaborada pela
Biblioteca Mario Henrique Simonsen/FGV

Tributação sobre renda, v. 2 / Organizadores: Joaquim Falcão, Sérgio Guerra, Rafael Almeida. – Rio de Janeiro : FGV Editora, 2016.
192 p. – (Direito tributário (FGV Management))

Publicações FGV Management.
Inclui bibliografia.
ISBN: 978-85-225-1824-1

1. Imposto de renda. 2. Direito tributário. 3. Contabilidade tributária. I. Falcão, Joaquim, 1943- . II. Guerra, Sérgio, 1964- . III. Almeida, Rafael. IV. Fundação Getulio Vargas. V. FGV Management. VI. Série.

CDD — 341.39

Nossa missão é construir uma Escola de Direito referência no Brasil em carreiras públicas e direito empresarial, formando lideranças para pensar o Brasil no longo prazo e ser referência no ensino e na pesquisa jurídica para auxiliar o desenvolvimento e o avanço do país.

FGV DIREITO RIO

Sumário

Apresentação 11

Introdução 13

1 | IRPJ – Questões específicas e tributação das operações financeiras 15
    Roteiro de estudo 15
    Juros sobre o capital social (JCP) 15
    Dividendos/lucros 20
    Juros sobre o capital próprio (JCP) × dividendos 22
    Aspectos tributários do ágio/deságio 24
    Posicionamento do Carf sobre operações de ágio 34
    Tributação do mercado financeiro 38
    Renda fixa e renda variável 39
    Fundos de investimento 40
    Tributação pelo imposto sobre a renda 41
    Fundos de investimentos: norma geral 43
    Aplicações em títulos e valores mobiliários de renda fixa e de renda variável 49

Operações em bolsa de valores, de mercadorias, de
   futuros e assemelhadas e operações de liquidação
   futura fora de bolsa   53
Questões de automonitoramento   54

2 | IR – Imposto de renda de pessoas físicas   55
   Roteiro de estudo   55
      Apresentação   55
      Princípios constitucionais inerentes ao imposto
         de renda   56
      Fato gerador do IRPF   57
      Contribuinte do IRPF   60
      Base de cálculo do IRPF   65
      Alíquotas do IRPF   81
      Aspecto temporal e formas de tributação   83
   Questões de automonitoramento   86

3 | IR – Incentivos fiscais   87
   Roteiro de estudo   87
      Incentivos fiscais no âmbito do imposto de renda   87
      Incentivo ao desporto   91
      Audiovisual   96
      Incentivos tecnológicos – inovação tecnológica
         – "Lei do Bem"   102
      Incentivos tecnológicos – Padis (semicondutores)   105
      Doações e patrocínios – Lei Rouanet – Pronac   109
      Doações aos fundos dos direitos da criança e do
         adolescente e do idoso   116
      Sudam e Sudene   118
      Lucro da exploração   125
   Questões de automonitoramento   127

4 | **Contribuição Social sobre o Lucro Líquido (CSLL)** 129
    Roteiro de estudo 129
        Aspectos gerais 129
        Fato gerador 130
        Alíquotas da CSLL 132
        Base de cálculo da CSLL 135
        Custos e despesas indedutíveis 145
        Base de cálculo negativa da CSLL 159
        Análise jurisprudencial 162
    Questões de automonitoramento 165

5 | **Sugestões de casos geradores** 167
    IRPJ – Questões específicas e tributação das operações
        financeiras (cap. 1) 167
    IR – Imposto de renda de pessoas físicas (cap. 2) 169
    IR – Incentivos fiscais (cap. 3) 170
    Contribuição Social sobre o Lucro Líquido (CSLL)
        (cap. 4) 171

Conclusão 175

Referências 177

Organizadores 181

Colaboradores 183

Apresentação

Aliada à credibilidade de mais de meio século de excelência no ensino de economia, administração e de outras disciplinas ligadas à atuação pública e privada, a Escola de Direito do Rio de Janeiro da Fundação Getulio Vargas – FGV DIREITO RIO – iniciou suas atividades em julho de 2002. A criação dessa nova escola é uma estratégia da FGV para oferecer ao país um novo modelo de ensino jurídico capaz de formar lideranças de destaque na advocacia e nas carreiras públicas.

A FGV DIREITO RIO desenvolveu um cuidadoso plano pedagógico para seu Programa de Educação Continuada, contemplando cursos de pós-graduação e de extensão. O programa surge como valorosa resposta à crise do ensino jurídico observada no Brasil nas últimas décadas, que se expressa pela incompatibilidade entre as práticas tradicionais de ensino do direito e as demandas de uma sociedade desenvolvida.

Em seu plano, a FGV DIREITO RIO assume o papel de formar profissionais preparados para atender às reais necessidades e expectativas da sociedade brasileira em tempos de globalização. Seus cursos reforçam o comprometimento da escola em inserir no mercado profissionais de direito capazes de lidar com áreas interdisciplinares, dotados de uma visão ampla das questões jurídicas e com sólidas bases acadêmica e prática.

A Série Direito Tributário é um importante instrumento para difusão do pensamento e do tratamento dado às modernas teses e questões discutidas nas salas de aula dos cursos de MBA e de pós-graduação, focados no direito tributário, desenvolvidos pela FGV DIREITO RIO.

Dessa forma, esperamos oferecer a estudantes e advogados um material de estudo que possa efetivamente contribuir com seu cotidiano profissional.

Introdução

Este volume dedicado ao estudo de tributação sobre renda tem origem em profunda pesquisa e sistemática consolidação dos materiais de aula acerca de temas que despertam crescente interesse no meio jurídico e reclamam mais atenção dos estudiosos do direito. A intenção da Escola de Direito do Rio de Janeiro da Fundação Getulio Vargas é tratar de questões atuais sobre o tema, aliando a dogmática e a pragmática jurídicas.

A obra trata, de forma didática e clara, dos conceitos e princípios de tributação sobre renda, analisando as questões em face das condições econômicas do desenvolvimento do país e das discussões recentes sobre o processo de reforma do Estado.

O material aqui apresentado abrangerá assuntos relevantes, como:

1) IRPJ – questões específicas e tributação das operações financeiras;
2) IR – imposto de renda de pessoas físicas;
3) IR – incentivos fiscais; e
4) Contribuição Social sobre o Lucro Líquido (CSLL).

Em conformidade com a metodologia da FGV DIREITO RIO, cada capítulo conta com o estudo de *leading cases* para auxiliar na compreensão dos temas. Com ênfase em casos práticos, pretendemos oferecer uma análise dinâmica e crítica das normas vigentes e sua interpretação.

Esperamos, assim, fornecer o instrumental técnico-jurídico para os profissionais com atuação ou interesse na área, visando fomentar a proposição de soluções criativas para problemas normalmente enfrentados.

1

IRPJ – Questões específicas e tributação das operações financeiras

Roteiro de estudo

Juros sobre o capital social (JCP)

Os juros sobre o capital próprio (JCP) são uma das formas de distribuir o lucro entre os acionistas, titulares ou sócios de uma empresa. Esse pagamento é tratado como despesa financeira no resultado da empresa, enquanto o dividendo não. A opção entre o pagamento de dividendos ou juros sobre capital próprio compete à assembleia geral, ao conselho de administração ou à diretoria da empresa.

As principais diferenças entre o pagamento de dividendos e dos JCP, para fins do presente estudo, residem na forma de cálculo e respectiva tributação sobre o pagamento pela empresa e sobre a remuneração aos acionistas, titulares ou sócios, pessoas físicas ou jurídicas.

Nos termos do art. 287 do antigo Regulamento do Imposto de Renda (RIR/1994), aprovado pelo Decreto nº 1.041/1994, os juros pagos ou creditados a titular, sócios ou acionistas a título de remuneração do capital próprio não podiam ser deduzidos como custo ou despesa operacional na determinação do lucro real (base de cálculo do IRPJ) e da base de cálculo da Contribuição Social sobre o Lucro Líquido (CSLL). Consequentemente, até 31 de dezembro de 1995, se a sociedade optasse por remunerar o capital de seus sócios, a despesa correspondente deveria ser adicionada ao lucro líquido, ou contábil do exercício para efeitos de determinação do lucro real. Com a edição da Lei nº 9.249/1995 (posteriormente alterada pela Lei nº 9.430/1996), passou-se a permitir a dedução da despesa com juros pagos ou creditados a titular, sócio ou acionista, a título de remuneração do capital próprio, para fins de apuração do lucro real e da base de cálculo da CSLL,[1] desde que observados os requisitos estabelecidos na legislação mencionada, atualmente consolidada no art. 347 do Regulamento do Imposto de Renda (RIR/1999, aprovado pelo Decreto nº 3.000, de 26 de março de 1999).

De acordo com o *caput* do art. 9º da Lei nº 9.249/1995 c/c o art. 78 da Lei nº 9.430/1996, foram estabelecidos três requisitos para que o valor relativo aos juros (calculados sobre as contas do patrimônio líquido) atribuído ao titular, aos sócios ou aos acionistas de uma pessoa jurídica possa ser deduzido, para efeitos da determinação do seu lucro real e da base de cálculo da CSLL:

1) ocorrência do efetivo pagamento ou crédito dos juros ao titular, sócio ou acionista;
2) existência de lucros[2] (computados antes da dedução dos juros) *ou* de lucros acumulados e/ou reserva de lucros em

---

[1] No ano-calendário de 1996, os JCP eram indedutíveis para fins de apuração da CSLL.
[2] Nos termos do art. 29 da Instrução Normativa da Secretaria da Receita Federal (IN SRF) nº 11/1996, o limite deverá corresponder ao lucro líquido do período-base do pagamento ou crédito dos juros antes da provisão para o imposto de renda e da dedução dos referidos juros.

montante igual ou superior ao valor de duas vezes os juros a serem pagos ou creditados;
3) limitação do valor dos juros pagos à variação *pro rata* dia da taxa de juros a longo prazo (TJLP).

Observe-se que tais requisitos *são cumulativos*, ou seja, devem ser observados na sua totalidade e concomitantemente para que os juros possam ser considerados despesa dedutível na base de cálculo do IRPJ e da CSLL.

Não basta, por exemplo, que os juros sejam calculados com base em taxa igual ou inferior à TJLP, e que seu montante seja igual ou inferior a duas vezes o valor dos lucros acumulados/reserva de lucros ou do lucro do exercício; é necessário que os mesmos sejam efetivamente postos à disposição do titular, dos sócios ou dos acionistas da pessoa jurídica (PJ), através do pagamento ou crédito a essas pessoas.

Ressalte-se que não existe limitação, em relação ao valor – *nos termos da legislação societária* –, para o pagamento aos acionistas ou cotistas a título de JCP. A limitação imposta a essa espécie de remuneração do capital é prevista *na legislação tributária* e diz respeito exclusivamente à dedutibilidade (ou não) da despesa da carga tributária corporativa (IRPJ e CSLL).

Uma vez preenchidos os requisitos legais para dedução da despesa com pagamento de JCP, o contribuinte deverá optar entre o limite de dedução de 50% do lucro líquido do período-base, antes da dedução dos referidos juros e da provisão para o IRPJ, *ou* de 50% do total do saldo de lucros acumulados de períodos anteriores.

Por sua vez, o imposto de renda retido na fonte (IRRF) incidirá à alíquota de 15% sobre o valor pago ou creditado em favor do titular, sócio ou acionista, sendo considerado:

1) antecipação do imposto devido na declaração de rendimentos, no caso de beneficiário pessoa jurídica tributada com base no lucro real, presumido ou arbitrado; ou

2) tributação definitiva, nos demais casos, inclusive se o beneficiário for pessoa jurídica isenta.

É importante mencionar que não existe restrição legal quanto ao pagamento de JCP para sócio ou acionista estrangeiro, sendo a matéria regulada pelo Banco Central do Brasil (Bacen)[3] e no RIR/1999.

A remessa de juros será limitada ao percentual da participação do investidor estrangeiro que estiver aplicado à parcela paga, creditada ou capitalizada pela empresa receptora de investimento, não podendo exceder os limites de dedutibilidade como despesa financeira.

Nos termos das decisões da Oitava Região Federal nº 324/1999 e nº 307/2000, se o beneficiário for residente ou domiciliado no exterior, em país que não tribute a renda ou que a tribute em menos de 20%, a alíquota do imposto será de 25%.

Na remessa de juros ao investidor estrangeiro, os seguintes documentos deverão ser entregues ao banco operador de câmbio:

1) demonstrativo (conforme modelo anexo à circular);
2) cópia do balanço patrimonial e demonstrativo de resultados que embasaram os cálculos;
3) cópia do ato societário deliberativo do pagamento dos juros;
4) cópia do documento de arrecadação de receitas federais (Darf) referente ao imposto de renda (IR);
5) declaração de que as contas do patrimônio líquido não apresentaram variações negativas decorrentes de ajustes de exercícios anteriores ou outros motivos;
6) original do certificado de registro para anotação das características da remessa.

---

[3] A Circular do Bacen nº 3.491, de 24 de março de 2010, estabelece as condições para remessa de juros a título de remuneração do capital próprio a investidores estrangeiros ou sua capitalização.

O valor da remessa será obtido por meio da conversão do valor remissível líquido em reais à taxa de câmbio de venda da data da remessa.

Caso seja verificada remessa superior a título de JCP, o excesso deverá ser imediatamente reingressado no país no prazo estabelecido pelo Bacen, sob pena de abatimento do excesso sobre o número de ações ou cotas consignadas no certificado de registro.

Do ponto de vista contábil, a companhia aberta deve observar as normas contidas na Deliberação nº 207 da Comissão de Valores Mobiliários (CVM)/1996.

Segundo a Deliberação CVM nº 207/1996, os juros a pagar pelas companhias abertas, a título de remuneração do capital próprio, nos termos do art. 9º da Lei nº 9.249/1995, devem ser contabilizados na conta de lucros acumulados, sem afetar o resultado do exercício. E que se contabilize o valor da remuneração como despesa financeira, afetando o resultado do exercício, com a posterior reversão deste valor contra a última linha da demonstração do resultado antes do lucro líquido do exercício, em virtude da dedutibilidade da despesa na formação do lucro real e da base de cálculo da CSLL.

Por sua vez, os juros recebidos por tais companhias sob o mesmo título devem ser contabilizados como receita, salvo se houver avaliação pelo método de equivalência patrimonial (MEP), desde que os JCP ainda integrem o patrimônio líquido da empresa investida ou se os juros recebidos já estiverem compreendidos no valor pago pela aquisição do investimento, casos em que deverão ser contabilizados como crédito na conta de investimentos.

Os JCP utilizados para aumento de capital ou manutenção em reservas deverão ser registrados na conta de reservas de lucros até sua capitalização. O IRRF incidente deve ser reconhecido como despesa.

Os critérios utilizados para determinação dos juros, a forma de distribuição, o IR incidente e o efeito relativo aos dividendos obrigatórios deverão constar em nota explicativa nas demonstrações financeiras e nas informações trimestrais.

Dividendos/lucros

Outra opção da sociedade seria a distribuição de dividendos aos seus acionistas/cotistas. A distribuição de dividendos não é tributada pelo IRRF e não integra a base de cálculo do IR e da CSLL para o beneficiário, conforme disposto no art. 10 da Lei nº 9.249/1995.[4]

À primeira vista, parece ser vantajoso para uma sociedade efetuar o pagamento de dividendos/lucros em lugar dos JCP. Entretanto, deve-se ter em conta que o lucro antes da distribuição de dividendos aos acionistas foi tributado pelo IRPJ (alíquota de 15%, acrescido do adicional de 10% sobre o que ultrapassar R$ 240.000,00) e pela CSLL (alíquota de 9%).

Ocorre, contudo, que em 2013 foi editado um parecer da Coordenadoria-Geral de Assuntos Tributários da Procuradoria-Geral da Fazenda Nacional (Parecer PGFN/CAT nº 202/2013), que possui a seguinte ementa:

> Regime Tributário de Transição. Lucros e dividendos pagos ou creditados pelas pessoas jurídicas. Art. 15 da Lei nº 11.941, de 27/05/2009, e art. 10 da Lei nº 9.249, de 26/12/1995. O lucro a ser considerado para fins da isenção prevista no art. 10 da Lei nº 9.249, de 1995, é o lucro fiscal obtido com a aplicação do

---

[4] Lei nº 9.249/1995: "Art. 10. Os lucros ou dividendos calculados com base nos resultados apurados a partir do mês de janeiro de 1996, pagos ou creditados pelas pessoas jurídicas tributadas com base no lucro real, presumido ou arbitrado, não ficarão sujeitos à incidência do imposto de renda na fonte, nem integrarão a base de cálculo do imposto de renda do beneficiário, pessoa física ou jurídica, domiciliado no País ou no exterior".

Regime Tributário de Transição, de que trata o art. 15 da Lei nº 11.941, de 2009, e não o lucro societário obtido com base nas regras contábeis da Lei nº 6.404, de 1/12/1976 com as alterações trazidas pela Lei nº 11.638, de 28/12/2007. Memorando nº 469/2012-RFB/Gabin, de 23/05/2012.

Diante desse entendimento, no período em que vigeu o RTT, passaram a existir dois "lucros" distribuíveis, a saber: (1) o "lucro societário", apurado de acordo com as regras contábeis da Lei nº 6.404/1976 (Lei das S/A), com as alterações introduzidas pelas leis nº 11.638/2007 e nº 11.941/2009; (2) o "lucro fiscal", equivalente ao "lucro societário" submetido à aplicação do RTT, ou seja, expurgado dos efeitos dos novos critérios de reconhecimento de receitas, custos e despesas vigentes a partir de 2008, que seguem os *international financial reporting standards* (IFRS).

Assim, por exemplo, se o "lucro fiscal" fosse 1.000 e o "lucro societário" 1.500, a isenção alcançaria apenas os 1.000. A diferença de 500 seria tributável.

Contudo, com a edição da Medida Provisória (MP) nº 627/2013, convertida na Lei nº 12.973/2014, o regime do RTT foi revogado.

A Lei nº 12.973/2014, em seu art. 72, assegurou a isenção dos lucros ou dividendos – inclusive aqueles gerados a partir de 1º de janeiro de 2014, para as empresas optantes do novo regime, e 1º de janeiro de 2015 para as não optantes –, independentemente da opção pela aplicação dos efeitos do novo regime tributário desde o ano-calendário de 2014.

O valor referente ao ano-calendário de 2014 não foi expressamente regulamentado pela Lei nº 12.973/2014 em relação aos contribuintes que não optaram pelo novo regime, de modo que seu tratamento tributário permanece indefinido (possibilidade de tributação nos moldes da IN RFB nº 1.397/2013).

Quanto aos juros sobre capital próprio, a Lei nº 12.973/2014 assegurou aos contribuintes o direito de apurar JCP referentes aos anos-calendário de 2008 a 2013 com base no patrimônio líquido mensurado de acordo com as disposições da Lei nº 6.404/1976 (lucro societário).

A partir de 2014, para os optantes, e 2015 para os não optantes, a apuração dos JCP deverá ser feita com base no patrimônio líquido definido pelas novas regras contábeis.

Para fins de cálculo da remuneração do capital próprio, serão consideradas exclusivamente as seguintes contas do patrimônio líquido (§§ 8º, 11 e 12 do art. 9º da Lei nº 9.249/1995 com a redação dada pelo art. 9º da Lei nº 12.973/2014):

1) capital social;
2) reservas de capital;
3) reservas de lucros;
4) ações em tesouraria;
5) prejuízos acumulados.

O disposto acima aplica-se à CSLL

Para fins de cálculo da remuneração do capital próprio, a conta capital social inclui todas as espécies de ações previstas no art. 15 da Lei nº 6.404/1976, ainda que classificadas em contas de passivo na escrituração comercial.

Sendo assim, a avaliação do melhor mecanismo de remuneração dos acionistas, titulares e sócios deverá ocorrer caso a caso, observando o cálculo comparativo entre os dividendos a distribuir e o valor dos JCP, e, por fim, definido em assembleia geral.

Juros sobre o capital próprio (JCP) × dividendos

A seguir, é realizado um exercício comparativo sobre a vantagem econômico-tributária aos acionistas/cotistas, observando as opções de remuneração acionária por meio dos JCP ou da distribuição de dividendos.

Juros × dividendos	R$	Só distribuição de dividendos	R$
Resultado	44.000.000,00	Resultado	44.000.000,00
JCP	7.000.000,00	JCP	0,00
Lucro líquido	37.000.000,00	Lucro líquido	44.000.000,00
CSLL	3.330.000,00	CSLL	3.960.000,00
IRPJ 15%	5.550.000,00	IRPJ 15%	6.600.000,00
IRPJ 10% (faixa adicional)	3.676.000,00	IRPJ 10% (faixa adicional)	4.376.000,00
IRRF 15%	1.050.000,00	IRRF 15%	0,00
Total carga tributária	13.606.000,00	Total carga tributária	14.936.000,00
Lucro atribuível aos sócios	30.394.000,00[5]	Lucro atribuível aos sócios	29.064.000,00

Comparando-se as cargas tributárias e as disponibilidades de recursos para os acionistas/sociedades, é possível concluir, à primeira vista, que é mais vantajoso realizar o pagamento de JCP.

Ocorre que, sendo o sócio/acionista uma pessoa jurídica, não haverá vantagem em efetuar o pagamento de JCP, uma vez que esse valor representará uma receita financeira à sociedade e comporá o lucro real, presumido ou arbitrado e a base de cálculo da CSLL.

Sendo assim, além da avaliação financeira anterior, será necessário estudar os impactos tributários sobre o ingresso da respectiva remuneração acionária na sociedade participativa.

---

[5] (Lucro líquido + JCP) − carga tributária.

Além disso, deve ser também considerado o tratamento dado aos JCP pelo sócio, titular ou acionista residente no exterior e a possibilidade de efetuar a compensação do IRRF pago no Brasil (*tax credit*) no seu domicílio fiscal.

Nos casos em que o Brasil celebrou tratados para evitar a dupla tributação em matéria de imposto de renda, é permitida a compensação do IRRF pago no Brasil. Nesse caso, o investidor estrangeiro poderá efetuar a compensação do imposto pago no Brasil quando, porventura, for tributado por outra jurisdição tributária sobre o recebimento dos JCP.

Portanto, no presente exemplo, a certeza da referida vantagem econômico-fiscal somente poderá ser verificada por pessoa física que seja residente fiscal no Brasil ou em país com mecanismo de compensação tributária firmado em acordo internacional.

Aspectos tributários do ágio/deságio

O ágio/deságio possui origem na participação societária de uma empresa investidora em outra sociedade (arts. 247 e 248 da Lei nº 6.404/1976 – Lei das S/A), e resulta do valor pago na aquisição do investimento, comparativamente ao patrimônio líquido da sociedade investida.

No centro das questões controvertidas acerca do imposto sobre a renda, encontram-se as disposições da legislação tributária a respeito do aproveitamento do ágio/deságio decorrente de operações de incorporação, cisão ou fusão de sociedades.

Na operação societária com valor superior ao patrimônio líquido, a empresa que recebe o investimento (investida) registra um ágio em seu ativo, correspondente à diferença entre o custo de aquisição do investimento e o valor deste avaliado pelo patrimônio líquido, nos termos do art. 385 do RIR/1999, aprovado pelo Decreto nº 3.000/1999:

Art. 385. O contribuinte que avaliar investimento em sociedade coligada ou controlada pelo valor de patrimônio líquido deverá, por ocasião da aquisição da participação, desdobrar o custo de aquisição em (Decreto-Lei nº 1.598, de 1977, art. 20):

I - valor de patrimônio líquido na época da aquisição, determinado de acordo com o disposto no artigo seguinte; e

II - ágio ou deságio na aquisição, que será a diferença entre o custo de aquisição do investimento e o valor de que trata o inciso anterior.

§ 1º. O valor de patrimônio líquido e o ágio ou deságio serão registrados em subcontas distintas do custo de aquisição do investimento (Decreto-Lei nº 1.598, de 1977, art. 20, § 1º).

§ 2º. O lançamento do ágio ou deságio deverá indicar, dentre os seguintes, *seu fundamento econômico* (Decreto-Lei nº 1.598, de 1977, art. 20, § 2º, grifo nosso):

I - valor de mercado de bens do ativo da coligada ou controlada superior ou inferior ao custo registrado na sua contabilidade;

II - valor de rentabilidade da coligada ou controlada, com base em previsão dos resultados nos exercícios futuros;

III - fundo de comércio, intangíveis e outras razões econômicas.

§ 3º. O lançamento com os fundamentos de que tratam os incisos I e II do parágrafo anterior deverá ser baseado em demonstração que o contribuinte arquivará como comprovante da escrituração (Decreto-Lei nº 1.598, de 1977, art. 20, § 3º).

O registro contábil do ágio/deságio pago na aquisição de participação societária de caráter permanente em sociedade controlada ou coligada (investimento) deve observar sua fundamentação econômica:[6]

---

[6] Conselho Administrativo de Recursos Fiscais (Carf). Segunda Câmara. Primeira Turma Ordinária. Acórdão nº 1201-00.659. Sessão de 15 de março de 2012. Carf. Quarta Câmara. Segunda Turma Ordinária. Acórdão nº 1402-00.802. Sessão de 21 de outubro

1) perspectiva de rentabilidade futura;
2) diferença de valor contábil e de mercado dos bens tangíveis da sociedade objeto de aquisição;
3) outras razões econômicas, tais como fundo de comércio, marca, bens intangíveis, dentre outros.

A referida fundamentação econômica encontra base no laudo de avaliação expedido nos termos do art. 8º da Lei das S/A (Lei nº 6.404/1976):

> Art. 8º. A avaliação dos bens será feita por três peritos ou por empresa especializada, nomeados em assembleia geral dos subscritores, convocada pela imprensa e presidida por um dos fundadores, instalando-se em primeira convocação com a presença de subscritores que representem metade, pelo menos, do capital social, e em segunda convocação com qualquer número.
>
> § 1º. Os peritos ou a empresa avaliadora deverão apresentar laudo fundamentado, com a indicação dos critérios de avaliação e dos elementos de comparação adotados e instruídos com os documentos relativos aos bens avaliados, e estarão presentes à assembleia que conhecer do laudo, a fim de prestarem as informações que lhes forem solicitadas.
>
> § 2º. Se o subscritor aceitar o valor aprovado pela assembleia, os bens incorporar-se-ão ao patrimônio da companhia, competindo aos primeiros diretores cumprir as formalidades necessárias à respectiva transmissão.
>
> § 3º. Se a assembleia não aprovar a avaliação, ou o subscritor não aceitar a avaliação aprovada, ficará sem efeito o projeto de constituição da companhia.

---

de 2011. Carf. Segunda Câmara. Primeira Turma Ordinária. Acórdão nº 1201-00.548. Sessão de 3 de agosto de 2011.

§ 4º. Os bens não poderão ser incorporados ao patrimônio da companhia por valor acima do que lhes tiver dado o subscritor.

§ 5º. Aplica-se à assembleia referida neste artigo o disposto nos §§ 1º e 2º do artigo 115.

§ 6º. Os avaliadores e o subscritor responderão perante a companhia, os acionistas e terceiros, pelos danos que lhes causarem por culpa ou dolo na avaliação dos bens, sem prejuízo da responsabilidade penal em que tenham incorrido; no caso de bens em condomínio, a responsabilidade dos subscritores é solidária.

De acordo com o art. 391 do RIR/1999, a realização do ágio/deságio reconhecido pela sociedade não gera efeitos tributários para fins de apuração do IRPJ e da CSLL, ou seja, a despesa não é dedutível e a receita não é tributável:

> Art. 391. As contrapartidas da amortização do ágio ou deságio de que trata o art. 385 não serão computadas na determinação do lucro real, ressalvado o disposto no art. 426 (Decreto-Lei nº 1.598, de 1977, art. 25, e Decreto-Lei nº 1.730, de 1979, art. 1º, inciso III).
>
> Parágrafo único. Concomitantemente com a amortização, na escrituração comercial, do ágio ou deságio a que se refere este artigo, será mantido controle, no LALUR, para efeito de determinação do ganho ou perda de capital na alienação ou liquidação do investimento (art. 426).

Dessa forma, o ágio reconhecido pela investida quando da aquisição das ações ou cotas e posteriormente amortizado não gera efeitos tributários para fins de apuração do IRPJ e da CSLL, devendo tais valores ser adicionados à apuração do lucro real e controlados na parte B do livro de apuração do lucro real (Lalur).

No caso de alienação do investimento, esse valor servirá de base ao custo de aquisição do investimento para fins de apuração de eventual ganho ou perda de capital na operação societária.

Posteriormente, sendo essa empresa incorporada/cindida pela *investidora* (ou vice-versa), a classificação contábil do ágio/ deságio em conta de ativo diferido, intangível, receita diferida ou imobilizado (da *incorporadora*) deverá ser efetuada em função dessa fundamentação.

O tratamento tributário aplicável à amortização do ágio registrado pela sociedade incorporadora foi disciplinado pela Lei nº 9.532/1997, e posteriormente alterado pela Lei nº 9.718/1998:

> Art. 7º. A pessoa jurídica que absorver patrimônio de outra, em virtude de incorporação, fusão ou cisão, na qual detenha participação societária adquirida com ágio ou deságio, apurado segundo o disposto no art. 20 do Decreto-lei nº 1.598, de 26 de dezembro de 1977:
>
> I - deverá registrar o valor do ágio ou deságio cujo fundamento seja o de que trata a alínea "a" do § 2º do art. 20 do Decreto-lei nº 1.598, de 1977, em contrapartida à conta que registre o bem ou direito que lhe deu causa;
>
> II - deverá registrar o valor do ágio cujo fundamento seja o de que trata a alínea "c" do § 2º do art. 20 do Decreto-lei nº 1.598, de 1977, em contrapartida a conta de ativo permanente, não sujeita a amortização;
>
> III - poderá amortizar o valor do ágio cujo fundamento seja o de que trata a alínea "b" do § 2º do art. 20 do Decreto-lei nº 1.598, de 1977, nos balanços correspondentes à apuração de lucro real, levantados posteriormente à incorporação, fusão ou cisão, à razão de um sessenta avos, no máximo, para cada mês do período de apuração;
>
> IV - deverá amortizar o valor do deságio cujo fundamento seja o de que trata a alínea "b" do § 2º do art. 20 do Decreto-lei nº 1.598, de 1977, nos balanços correspondentes à apuração de lucro real, levantados durante os cinco anos-calendários subsequentes à incorporação, fusão ou cisão, à razão de 1/60

(um sessenta avos), no mínimo, para cada mês do período de apuração.

§ 1º. O valor registrado na forma do inciso I integrará o custo do bem ou direito para efeito de apuração de ganho ou perda de capital e de depreciação, amortização ou exaustão.

§ 2º. Se o bem que deu causa ao ágio ou deságio não houver sido transferido, na hipótese de cisão, para o patrimônio da sucessora, esta deverá registrar:

a) o ágio, em conta de ativo diferido, para amortização na forma prevista no inciso III;

b) o deságio, em conta de receita diferida, para amortização na forma prevista no inciso IV.

§ 3º. O valor registrado na forma do inciso II do *caput*:

a) será considerado custo de aquisição, para efeito de apuração de ganho ou perda de capital na alienação do direito que lhe deu causa ou na sua transferência para sócio ou acionista, na hipótese de devolução de capital;

b) poderá ser deduzido como perda, no encerramento das atividades da empresa, se comprovada, nessa data, a inexistência do fundo de comércio ou do intangível que lhe deu causa.

§ 4º. Na hipótese da alínea "b" do parágrafo anterior, a posterior utilização econômica do fundo de comércio ou intangível sujeitará a pessoa física ou jurídica usuária ao pagamento dos tributos e contribuições que deixaram de ser pagos, acrescidos de juros de mora e multa, calculados de conformidade com a legislação vigente.

§ 5º. O valor que servir de base de cálculo dos tributos e contribuições a que se refere o parágrafo anterior poderá ser registrado em conta do ativo, como custo do direito.

Art. 8º. O disposto no artigo anterior aplica-se, inclusive, quando:

[...]

b) a empresa incorporada, fusionada ou cindida for aquela que detinha a propriedade da participação societária.

Nos termos da referida norma legal, o tratamento tributário do ágio/deságio é caracterizado pelas seguintes hipóteses:

1) *se o ágio tiver como fundamento econômico a perspectiva de rentabilidade sobre resultados futuros*, deverá ser classificado como ativo diferido e, para fins fiscais, a despesa poderá ser amortizada e deduzida na apuração do lucro real e da base de cálculo da CSLL por um período não inferior a cinco anos, ou seja, a amortização do ágio será realizada, no máximo, à razão de 1/60 ao mês;

2) *se o deságio tiver como fundamento econômico a perspectiva de rentabilidade futura*, deverá ser classificado como receita diferida, e, para fins fiscais, a receita poderá ser amortizada e deverá ser adicionada para efeito de determinação do lucro real e da base de cálculo da CSLL por um período não superior a cinco anos, ou seja, a amortização do deságio será realizada, no mínimo, à razão de 1/60 ao mês;

3) *se o ágio/deságio tiver como fundamento econômico a diferença entre o valor de mercado e o valor contábil*, deverá compor o custo de aquisição do bem para efeitos de determinação do ganho ou perda de capital e de depreciação, amortização ou exaustão;

4) *se o ágio/deságio for baseado em fundo de comércio, intangíveis ou outra razão econômica*, deverá ser registrado em contrapartida à conta do ativo permanente, não sujeita a amortização.

Com as novas regras contábeis trazidas pela edição das leis nº 11.638/2007 e nº 11.941/2009, passou-se a permitir às sociedades anônimas e sociedades de grande porte ajustar os ativos e passivos a valor de mercado. Por isso, na prática, a tendência é que o valor do ágio ou deságio na aquisição do investimento seja reduzido.

Antes da edição dessa norma, os valores de ágio ou deságio originados na aquisição de investimentos eram bastante significativos, tendo em vista o valor defasado dos ativos e passivos registrados nas demonstrações financeiras. O mesmo ocorria com o *goodwill*, que não era registrado pelas sociedades.

Isso permitia, por exemplo, que o ágio gerado na aquisição do investimento, quando incorporado, resultasse em um benefício fiscal para fins de apuração do IRPJ e da CSLL, em virtude da dedutibilidade da despesa oriunda da sua amortização.

No que diz respeito ao ágio decorrente de expectativa de rentabilidade futura, o mesmo era reclassificado para ativo diferido na incorporação do investimento.

Com a extinção desse grupo a partir da Lei nº 11.941/2009, e de acordo com o item 20 do Pronunciamento Contábil CPC nº 13,[7] aprovado pela Deliberação CVM nº 565/2008, esse ativo passou a ser reclassificado para intangível ou investimento, após a devida análise por parte do contribuinte.

Nos termos dos pronunciamentos contábeis CPC nº 13 (Adoção Inicial da Lei nº 11.638/2007 e da MP nº 449/2008) e nº 15 (Combinação de Negócios), este aprovado pela Deliberação CVM nº 655/2011, o ágio pago em virtude da diferença entre valor contábil e de mercado deverá ser registrado como investimento; e o ágio sem substância econômica deverá ser registrado como perda, o que, para a parcela da doutrina, seria

---

[7] O Comitê de Pronunciamentos Contábeis (CPC) foi idealizado a partir da união de esforços e comunhão de objetivos de algumas entidades representativas, como: Bovespa, Conselho Federal de Contabilidade (CFC), Fipecafi e Ibracon. E com a participação dos seguintes órgãos públicos: Banco Central do Brasil, Comissão de Valores Mobiliários (CVM), Secretaria da Receita Federal e Superintendência de Seguros Privados (Susep). O CPC tem como objetivo "o estudo, o preparo e a emissão de Pronunciamentos Técnicos sobre procedimentos de Contabilidade e a divulgação de informações dessa natureza, para permitir a emissão de normas pela entidade reguladora brasileira, visando à centralização e uniformização do seu processo de produção, levando sempre em conta a convergência da Contabilidade Brasileira aos padrões internacionais". Disponível em: <www.cpc.org.br/oque.htm>. Acesso em: 5 set. 2012.

uma despesa dedutível para fins de apuração do lucro real e da base de cálculo da CSLL.

Fato é que não existiram boas definições acerca do tratamento tributário ao ágio/deságio no novo contexto das regras contábeis, enquanto vigorou o regime tributário de transição (RTT),[8] para fins de neutralizar os efeitos fiscais das referidas modificações com o objetivo de harmonizar a contabilidade brasileira com os padrões internacionais do IRFS (*international financial reporting standards*).[9]

Boa parcela da atual doutrina propugna pela neutralidade fiscal das referidas modificações contábeis pelas leis nº 11.638/2007 e nº 11.941/2009, inclusive por serem o ágio e o deságio na combinação de negócios regulados pelo Decreto-Lei nº 1.598/1997 e pela Lei nº 9.532/1997.

Com o fim do RTT pela MP nº 627/2013, convertida na Lei nº 12.973/2014, houve algumas alterações em relação ao aproveitamento do ágio, como despesa, pela empresa que realizou a aquisição de participação societária, por exemplo, a proibição da dedução, como despesa, do ágio interno, realizado entre empresas dependentes ou relacionadas.

São consideradas dependentes as partes de um negócio quando: (1) adquirente e alienante são controlados, direta ou indiretamente, pelas mesmas partes; (2) há relação de controle entre adquirente e alienante; (3) alienante é sócio, titular, conselheiro ou administrador da PJ adquirente; (4) alienante é parente ou afim até terceiro grau das pessoas indicadas em "c"; (5) decorrer de outras relações não descritas em "a" a "d" e restar comprovada a existência e dependência societária (Lei nº 12.973/2014, art. 25, I-V).

---

[8] Arts. 15 a 24 da Lei nº 11.941/2009.
[9] Disponível em: <www.ifrs.org>. Acesso em: 9 set. 2012.

O art. 20, II, do Decreto-Lei nº 1.598/1977, alterado pelo art. 2º da Lei nº 12.973/2014, dispõe sobre a avaliação do investimento pelo patrimônio líquido (método de equivalência patrimonial – MEP). Determina que, por ocasião da aquisição da participação, o referido custo de aquisição deve ser desdobrado em mais ou menos-valia (diferença entre o valor justo dos ativos líquidos da investida, na proporção da participação adquirida, e o valor do PL na época da aquisição, avaliado de acordo com as regras do art. 248 da Lei das S/A c/c art. 21 da Lei nº 12.973/2014).

Valor justo: é o preço que seria recebido na venda de um ativo ou pago para transferir um passivo em uma transação ordinária entre participantes de mercado na data da mensuração. Trata-se de conceito criado para definir o valor de negociação de um ativo que esteja destinado ou disponível para venda, entre partes interessadas, conhecedoras do negócio e independentes entre si.

Assim, o custo de investimento de participação societária avaliado pelo MEP deve ser segregado entre as seguintes contas: (1) patrimônio líquido; (2) mais ou menos-valia (diferença entre valor justo dos ativos líquidos da investida e seu PL); (3) ágio por rentabilidade futura (*goodwill*), que corresponde ao valor residual do custo de aquisição do investimento após determinação dos valores correspondentes às contas 1 e 2.

Seguindo as antigas regras, a Lei nº 12.973/2014 prossegue condicionando o aproveitamento fiscal do *goodwill* e da mais-valia dos ativos por meio de amortização ou depreciação à ocorrência de incorporação, fusão ou cisão entre as PJs adquirente e adquirida.

A legislação tributária traz ainda, como condição para a dedutibilidade da despesa do ágio, a necessidade da obtenção, em empresa de auditoria independente, de laudo que demonstre a avaliação de mais ou menos-valia e patrimônio líquido, devendo tal laudo ser protocolado na Receita Federal do Brasil, ou seja, registrado em cartório de títulos e documentos até o último dia do 13º mês subsequente à operação realizada a partir de 1º de janeiro de 2015 ou a partir de 1º de janeiro de 2014 para os optantes do regime.

Seguindo o padrão contábil internacional, o ganho proveniente de compra vantajosa (antiga figura do deságio) passou a ser definido como o valor correspondente ao excesso do valor justo dos ativos líquidos da investida (Decreto-Lei nº 1.598/1977, art. 20, § 6º, na redação do art. 2º da Lei nº 12.973/2014). E deverão ser computados na determinação do lucro real apenas no período de apuração da alienação ou baixa do investimento, salvo nos casos de incorporação, fusão ou cisão, bem como transferência do investimento, caso em que o ganho por compra vantajosa deverá ser computado na determinação do lucro real à razão mensal máxima de 1/60 (art. 22 da Lei nº 12.973/2014).

Posicionamento do Carf sobre operações de ágio

Apesar de a lei não vedar a prática das reorganizações societárias de incorporação, cisão e fusão de sociedades, é importante considerar a atual jurisprudência do Conselho Administrativo de Recursos Fiscais (Carf), que se pauta pela avaliação da operação pela ótica do chamado *propósito negocial e fundamento econômico*, ou se esta foi realizada simplesmente com o intuito de redução de carga tributária.

DESCONSIDERAÇÃO DE ATO JURÍDICO. Devidamente demonstrado nos autos que os atos negociais praticados deram-se em direção contrária a norma legal, com o intuito doloso de excluir ou modificar as características essenciais do fato gerador da obrigação tributária (art. 149 do CTN), cabível a desconsideração do suposto negócio jurídico realizado e a exigência do tributo incidente sobre a real operação. SIMULAÇÃO/ DISSIMULAÇÃO — Configura-se como simulação o comportamento do contribuinte em que se detecta uma inadequação ou inequivalência entre a forma jurídica sob a qual o negócio se apresenta e a substância ou natureza do fato gerador efetivamente realizado, ou seja, dá-se pela discrepância entre a vontade querida pelo agente e o ato por ele praticado para exteriorização dessa vontade, ao passo que a dissimulação contém em seu bojo um disfarce, no qual se encontra escondida uma operação em que o fato revelado não guarda correspondência com a efetiva realidade, ou melhor, dissimular é encobrir o que é [Acórdão nº 101.94.771, de 11 de novembro de 2004].

OPERAÇÃO ÁGIO — SUBSCRIÇÃO DE PARTICIPAÇÃO COM ÁGIO E SUBSEQUENTE CISÃO — VERDADEIRA ALIENÇÃO DE PARTICIPAÇÃO — Se os atos formalmente praticados, analisados pelo seu todo, demonstram não terem as partes outro objetivo que não se livrar de uma tributação específica, e seus substratos estão alheios às finalidades dos institutos utilizados ou não correspondem a uma verdadeira vivência dos riscos envolvidos no negócio escolhido, tais atos não são oponíveis ao fisco, devendo merecer o tratamento tributário que o verdadeiro ato dissimulado produz. Subscrição de participação com ágio, seguida de imediata cisão e entrega dos valores monetários referentes ao ágio, traduz verdadeira alienação de participação societária. PENALIDADE QUALIFICADA — INOCORRÊNCIA DE VERDADEIRO INTUITO DE FRAUDE — ERRO DE PROIBIÇÃO — ARTIGO 112 DO CTN — SIMULAÇÃO RELATIVA — FRAUDE À LEI — Independentemente da patologia presente no negócio jurídico analisado em um planejamento tributário, se simulação relativa ou fraude à lei, *a existência de conflitantes e respeitáveis correntes doutrinárias, bem como de precedentes jurisprudências contrários à nova interpretação dos fatos pelo seu verdadeiro conteúdo, e não pelo aspecto meramente formal, implica escusável desconhecimento da ilicitude do conjunto de atos praticados, ocorrendo na espécie o erro de proibição.* Pelo mesmo motivo, bem como por ter o contribuinte registrado todos os atos formais em sua escrituração, cumprindo todas as obrigações acessórias cabíveis, inclusive a entrega de declarações quando da cisão, e assim permitindo ao fisco plena possibilidade de fiscalização e qualificação dos fatos, aplicáveis as determinações do artigo 112 do CTN. Fraude à lei não se confunde com fraude criminal [Acórdão nº 101.95.537, de 24 de maio de 2006, grifo nosso].

DESCONSIDERAÇÃO DE ATO JURÍDICO – Não basta a simples suspeita de fraude, conluio ou simulação para que o negócio jurídico realizado seja desconsiderado pela autoridade administrativa, mister se faz provar que o ato negocial praticado deu-se em direção contrária a norma legal, com o intuito doloso de excluir ou modificar as características essenciais do fato gerador da obrigação tributária (art. 149 do CTN). SIMULAÇÃO – Configura-se como simulação o comportamento do contribuinte em que se detecta uma inadequação ou inequivalência entre a forma jurídica sob a qual o negócio se apresenta e a substância ou natureza do fato gerador, efetivamente, realizado, ou seja, dá-se pela discrepância entre a vontade querida pelo agente e o ato por ele praticado para exteriorização dessa vontade. NEGÓCIO JURÍDICO INDIRETO – Configura-se negócio jurídico indireto, quando um contribuinte se utiliza de um determinado negócio, típico ou atípico, para obtenção de uma finalidade diversa daquela que constitui a sua própria causa, em que as partes querem efetivamente o negócio e os efeitos típicos dele realizado e submete-se a sua disciplina jurídica. Recurso provido [Acórdão nº 101.94.340, de 9 de setembro de 2003].

Com base nos acórdãos citados, nota-se que a tendência histórica do tribunal administrativo federal é não reconhecer a validade jurídica das operações de reorganização societária nas quais o intuito do contribuinte é o de simplesmente reduzir a carga tributária e, para tanto, utiliza-se de artifícios societários, como uma empresa veículo criada com o fim específico de geração de ágio.

No caso das operações societárias envolvendo a figura do ágio, as autoridades fiscais têm questionado as operações realizadas em um único dia, em um instrumento societário só, sob a alegação de que a operação de fato nunca existiu e que o contribuinte vale-se de operações societárias para atingir seu objetivo, ou seja, transferir a participação societária de um titular para outro, sendo aplicada, inclusive, a multa qualificada de 150% nesses casos, com fundamento de que houve fraude ou simulação.

Ao analisar os casos em concreto, é possível verificar, ainda, que nas operações que foram objeto de autuação fiscal e julgamento no conselho de contribuintes, atual Carf, não houve, por parte do contribuinte, o devido cuidado de implementar a operação. No afã de realizar a operação societária, as etapas e passos que poderiam sustentar a legitimidade das operações não foram respeitados.

É lógico que o fundamento dos julgamentos não pode ser generalizado e deve ser analisado caso a caso.

Somente nos casos em que há evidente intuito de fraude, dolo ou simulação é que as operações realizadas pelo contribuinte podem ser invalidadas pelas autoridades fiscais; já nos casos em que o contribuinte procurou de maneira legítima uma forma de redução da carga tributária, entende-se que as operações não poderiam ser objeto de questionamento ou desconsideração por parte das autoridades fiscais.

É nesse sentido que se verificam os recentes julgamentos acerca dessa matéria no Carf, a exemplo dos casos Camil Alimentos (Carf. Segunda Câmara. Primeira Turma Ordinária. Acórdão nº 1201-00.659. Sessão: 15 de março de 2012); Banco Santander – Brasil (Carf. Quarta Câmara. Segunda Turma Ordinária. Acórdão nº 1402-00.802. Sessão: 21 de outubro de 2011); ALE Combustíveis (Carf. Segunda Câmara. Primeira Turma Ordinária. Acórdão nº 1201-00.548. Sessão: 4 de agosto de 2011).

O atual posicionamento vem demonstrando aprofundamento técnico-jurídico na avaliação da operação societária com foco na economia tributária (planejamento tributário), respaldada em autorização legal em relação à dedutibilidade do ágio. Por outro lado, cabe notar, nos referidos julgados, que a motivação econômica (critério subjetivo) e o lastro no laudo de avaliação da rentabilidade futura (critério objetivo) continuam cruciais como elementos de justificação da operação societária e amortização do ágio daí decorrente.

Tributação do mercado financeiro

As leis nº 11.033/2004 (conversão em lei da MP nº 206/2004) e nº 11.053/2004 (conversão da MP nº 209/2004) alteraram as regras de tributação dos rendimentos auferidos em qualquer aplicação ou operação financeira de renda fixa, de renda variável e em fundos de investimento. As referidas leis foram alteradas pela Lei nº 11.196/2005. A Lei nº 11.033/2004 foi alterada, ainda, pela Lei nº 11.311/2006, no que tange às isenções.

A Secretaria da Receita Federal (SRF) do Brasil regulamentou o assunto por meio da IN SRF nº 487/2004 que, no entanto, foi revogada pela IN RFB nº 1.022/2010, que ora rege esse assunto. Além desses atos, em dezembro de 2005, foi editada a IIN SRF nº 575/2005, que tratou dos efeitos tributários nas operações realizadas em mercados de liquidação futura e sobre a tributação, a compensação de perdas e a apuração do prazo médio das carteiras dos fundos de investimento.

Renda fixa e renda variável

Para fins tributários, a legislação divide o mercado financeiro em duas espécies: mercado de renda fixa e mercado de renda variável. A definição para essas duas espécies de mercado, conforme entendimento da Secretaria da Receita Federal do Brasil, seria:

1. Mercado de renda variável
Compõe-se de ativos de renda variável, quais sejam, aqueles cuja remuneração ou retorno de capital não pode ser dimensionado no momento da aplicação. São eles as ações, quotas ou quinhões de capital, o ouro, ativo financeiro, e os contratos negociados nas bolsas de valores, de mercadorias, de futuros e assemelhadas.

2. Mercado de renda fixa
Compõe-se de ativos de renda fixa aqueles cuja remuneração ou retorno de capital pode ser dimensionado no momento da aplicação. Os títulos de renda fixa são públicos ou privados, conforme a condição da entidade ou empresa que os emite. Como títulos de renda fixa públicos citam-se as Notas do Tesouro Nacional (NTN), os Bônus do Banco Central (BBC), os Títulos da Dívida Agrária (TDA), bem como os títulos estaduais e municipais. Como títulos de renda fixa privados, aqueles emitidos por instituições ou empresas de direito privado, citam-se as Letras de Câmbio (LC), os Certificados de Depósito Bancário (CDB), os Recibos de Depósito Bancário (RDB) e as Debêntures.

Equiparam-se a operações de renda fixa, para fins de incidência do imposto sobre a renda incidente na fonte, as operações de mútuo e de compra vinculada à revenda, no mercado secundário, tendo por objeto ouro, ativo financeiro, as operações de financiamento, inclusive box, realizadas em bolsas de valores, de mercadorias e de futuros e as operações de transferência de dívidas, bem como qualquer rendimento auferido pela entrega de recursos a pessoa jurídica [Perguntas e respostas RFB nº 632 – IRPF/2010].[10]

Fundos de investimento

Trata-se de reunião de investidores em condomínio, sem personalidade jurídica, administrada por entidades previstas em lei (instituições financeiras, entidades de previdência privada, entre outras), sendo que a gestão contábil e financeira dos fundos deve observar a regulamentação da CVM.

Como regra, os fundos de investimento podem funcionar como aplicação financeira de *renda fixa* ou de *renda variável*.

A legislação do IR trata separadamente a tributação dos *fundos de investimento* e dos *fundos de investimento em ações*.

A partir de 1º de janeiro de 2005, para fins tributários, os fundos de investimento foram classificados em *fundos de curto prazo* e *fundos de longo prazo*, de acordo com a composição de sua carteira.

No âmbito regulamentar, é importante mencionar que a Receita Federal do Brasil diferenciou o tratamento dos *fundos de investimento regidos por norma geral* daqueles *fundos regidos por normas próprias*, conforme disposto IN RFB nº 1.022/2010.

---

[10] Disponível em: <www.receita.fazenda.gov.br/PessoaFisica/IRPF/2010/Perguntas/AplicFinanRenFixaRenVariavel.htm>. Acesso em: 2 ago. 2015.

São considerados fundos regidos por normas próprias:
1) fundos de investimento em ações;
2) fundos mútuos de privatização – FGTS, inclusive carteira livre;
3) fundos de investimento do Fundo de Garantia do Tempo de Serviço;
4) fundos de investimento em participações e fundos de investimento em cotas de fundos de investimento em participações;
5) fundos de investimento em empresas emergentes;
6) fundos de investimento em participações em infraestrutura e fundos de investimento em participação na produção econômica intensiva em pesquisa, desenvolvimento e inovação;
7) fundos de investimento imobiliário;
8) fundo de investimento com carteira em debêntures;
9) fundos de investimento em índice de mercado – fundos de índice de ações.

Considera-se *fundo de investimento de curto prazo* aquele cuja carteira de títulos tenha prazo médio igual ou inferior a 365 dias e *fundo de investimento de longo prazo* aquele cuja carteira de títulos tenha prazo médio superior a 365 dias.

Tributação pelo imposto sobre a renda

A renda decorrente das aplicações financeiras está sujeita a tributação pelo IR.

Imposto de renda retido na fonte (IRRF)

Conforme dispõe o art. 5º da Lei nº 9.779/1999, os rendimentos auferidos em qualquer aplicação ou operação financeira de renda fixa ou de renda variável sujeitam-se à incidência do imposto de renda retido na fonte (IRRF), mesmo no caso das operações de cobertura (*hedge*),[11] realizadas por meio de operações de *swap*[12] e outras, nos mercados de derivativos.

Por outro lado, quando o titular da aplicação ou operação financeira for instituição financeira, inclusive sociedade de seguro, previdência e capitalização, sociedade corretora de títulos, valores mobiliários e câmbio, sociedade distribuidora de títulos e valores mobiliários ou sociedade de arrendamento mercantil, não haverá retenção na fonte sobre os ganhos obtidos nas referidas operações (art. 77, I, da Lei nº 8.981/1995).

Conforme determina o art. 5º da Lei nº 11.053/2004, a partir de 1º de janeiro de 2005 ficam dispensados a retenção na fonte e o pagamento em separado do imposto de renda sobre os rendimentos e ganhos auferidos nas aplicações de recursos das provisões, reservas técnicas e fundos de planos de benefícios de entidade de previdência complementar, sociedade seguradora e Fapi, bem como de seguro de vida com cláusula de cobertura por sobrevivência.

Esta dispensa alcança também os fundos administrativos constituídos pelas entidades fechadas de previdência complementar e as provisões, reservas técnicas e fundos dos planos assistenciais de que trata o art. 76 da Lei Complementar (LC) nº 109/2001.

---

[11] "Hedge é uma operação que tem por finalidade proteger o valor de um ativo contra uma possível redução de seu valor numa data futura ou, ainda, assegurar o preço de uma dívida a ser paga no futuro. Esse ativo poderá ser o dólar, uma commodity, um título do governo ou uma ação. Os mercados futuros e de opções possibilitam uma série de operações de hedge. Por exemplo, através de mercado futuro de dólar (negociado na BM&FBovespa), uma entidade que possui dívidas em dólar pode reduzir o risco de uma perda provocada por uma elevação da cotação da moeda norte-americana, desde que compre contratos futuros de dólar em valor equivalente à sua dívida" (disponível em: <http://economia.uol.com.br/glossario/hedge.jhtm>; acesso em: 2 ago. 2015).

[12] "*Swap* consiste em um acordo para duas partes trocarem o risco de uma posição ativa (credora) ou passiva (devedora), em data futura, conforme critérios preestabelecidos. [...] Os *swaps* são um importante instrumento financeiro para diminuir riscos. São bastante utilizados por empresas, bancos e instituições de investimento" (disponível em: <www.trabalhosfeitos.com/ensaios/Finan%C3%A7as/43054360.html>; acesso em: 2 ago. 2015).

Retenção na fonte: alíquotas regressivas

Ressalvadas as exceções determinadas na legislação, em regra, as aplicações e operações financeiras de renda fixa ou de renda variável realizadas a partir de 1º de janeiro de 2005 sujeitam-se à incidência do imposto de renda na fonte com as seguintes alíquotas:

1) 22,5%, em aplicações com prazo de até 180 dias;
2) 20%, em aplicações com prazo de 181 dias até 360 dias;
3) 17,5%, em aplicações com prazo de 361 dias até 720 dias;
4) 15%, em aplicações com prazo acima de 720 dias.

Fundos de investimentos: norma geral

A retenção na fonte dos fundos de investimentos ocorre, em regra, em dois momentos: semestralmente, nos meses de maio e novembro, e também por ocasião do resgate.

Dessa forma, existem duas tabelas de alíquotas a serem aplicadas: uma para o resgate (alíquotas regressivas) e outra para a tributação semestral.

Alíquotas incidentes no resgate

Os fundos de investimento classificados como de longo prazo sujeitam-se à incidência do imposto sobre a renda na fonte, por ocasião do resgate, às seguintes alíquotas:

1) 22,5%, em aplicações com prazo de até 180 dias;
2) 20%, em aplicações com prazo de 181 dias até 360 dias;
3) 17,5%, em aplicações com prazo de 361 dias até 720 dias;
4) 15%, em aplicações com prazo acima de 720 dias.

Os fundos de investimento classificados como de curto prazo, por sua vez, sujeitam-se à incidência do imposto sobre a renda na fonte, por ocasião do resgate, às seguintes alíquotas:
1) 22,5%, em aplicações com prazo de até 180 dias;
2) 20%, em aplicações com prazo acima de 180 dias.

Alíquotas incidentes na tributação semestral

A incidência do imposto sobre a renda na fonte sobre os rendimentos auferidos por qualquer beneficiário, inclusive pessoa jurídica isenta, nas aplicações em fundos de investimento classificados como de curto ou de longo prazo, ocorrerá:

1) no último dia útil dos meses de maio e novembro de cada ano;
2) na data em que se completar cada período de carência para resgate de cotas com rendimento, no caso de fundos com prazo de carência de até 90 dias.

A incidência do imposto na fonte acima referido ocorrerá utilizando-se as seguintes alíquotas:

1) 20% no caso de fundos de investimento de curto prazo;
2) 15% no caso de fundos de investimento de longo prazo.

Apuração de perdas

As perdas apuradas no resgate de cotas de fundos de investimento poderão ser compensadas com rendimentos auferidos em resgates ou incidências posteriores, no mesmo ou em outro fundo de investimento administrado pela mesma pessoa jurídica, desde que sujeitos à mesma classificação.

A instituição administradora, por sua vez, deverá manter sistema de controle e registro em meio magnético que permita a identificação, em relação a cada cotista, dos valores compensáveis.

Responsabilidade pela retenção e pelo recolhimento do imposto

É responsável pela retenção e o recolhimento do imposto:

1) o administrador do fundo de investimento; ou
2) a instituição que intermediar recursos, junto a clientes, para aplicações em fundos de investimento administrados por outra instituição, na forma prevista em normas baixadas pelo Conselho Monetário Nacional.

Fundos de investimento em ações

As alíquotas regressivas não se aplicam aos fundos de investimento em ações, também denominados simplesmente "fundos de ações". Nessas aplicações, os rendimentos são tributados exclusivamente no resgate das cotas, à alíquota de 15%.

A base de cálculo do imposto será constituída pela diferença positiva entre o valor de resgate e o custo de aquisição da cota, considerados pelo seu valor patrimonial.

Fundo mútuo de privatização – FGTS, inclusive carteira livre

Os rendimentos auferidos nas aplicações em fundo mútuo de privatização, constituídos com recursos do Fundo de Garantia do Tempo de Serviço (FGTS), serão tributados pelo imposto sobre a renda à alíquota de 15%.

A base de cálculo do imposto será a diferença positiva entre o valor do resgate e o valor da aplicação acrescido do rendimento equivalente ao da remuneração das contas vinculadas do FGTS. Tal acréscimo do rendimento será feito na mesma data em que é creditada a remuneração nas contas do FGTS, vedada a utilização de cálculo *pro rata* para resgates feitos fora da referida data.

O imposto será cobrado por ocasião do resgate de cotas, nas hipóteses de movimentação das contas do FGTS previstas na legislação vigente, ou quando do retorno dos valores aplicados no fundo mútuo para o FGTS, e recolhido até o terceiro dia útil subsequente ao decêndio de ocorrência dos fatos geradores.

Fundo de investimento do Fundo de Garantia do Tempo de Serviço (FI-FGTS)

Os ganhos do fundo de investimento do Fundo de Garantia do Tempo de Serviço (FI-FGTS), criado pela Lei nº 11.491/2007, e do fundo de investimento em cotas (FIC), de que trata o § 19 do art. 20 da Lei nº 8.036/1990, são isentos do IR.

Fundo de investimento em participações, fundo de investimento em cotas de fundo de investimento em participações e fundo de investimento em empresas emergentes

Os rendimentos auferidos no resgate de cotas de fundo de investimento em participações (FIP), fundo de investimento em cotas de fundo de investimento em participações (FIF-FIP) e fundo de investimento em empresas emergentes (Fiee), inclusive quando decorrentes da liquidação do fundo, ficam sujeitos ao imposto sobre a renda na fonte à alíquota de 15% incidente sobre a diferença positiva entre o valor de resgate e o custo de aquisição das cotas.

Fundo de investimento em participações em infraestrutura e fundo de investimento em participação na produção econômica intensiva em pesquisa, desenvolvimento e inovação

Os rendimentos auferidos no resgate de cotas do Fundo de Investimento em Participações em Infraestrutura (FIP-IE) e no Fundo de Investimento em Participação na Produção Econômica Intensiva em Pesquisa, Desenvolvimento e Inovação (FIP-PD&I), inclusive quando decorrentes da liquidação do fundo, ficam sujeitos à incidência do imposto sobre a renda na fonte à alíquota de 15% sobre a diferença positiva entre o valor de resgate e o custo de aquisição das cotas.

Fundos de investimento imobiliário

TRIBUTAÇÃO DOS LUCROS

Os fundos de investimento imobiliário, instituídos pela Lei nº 8.668/1993, deverão distribuir a seus cotistas, no mínimo, 95% dos lucros auferidos, apurados segundo o regime de caixa, com base em balanço ou balancete semestral encerrado em 30 de junho e 31 de dezembro de cada ano.

Esses lucros, quando distribuídos a qualquer beneficiário, inclusive pessoa jurídica isenta, sujeitam-se à incidência do imposto sobre a renda na fonte à alíquota de 20%.

RENDIMENTOS E GANHOS LÍQUIDOS AUFERIDOS
PELAS CARTEIRAS DOS FUNDOS

Os rendimentos e ganhos líquidos auferidos pelas carteiras dos fundos de investimento imobiliário, em aplicações financeiras de renda fixa ou de renda variável, sujeitam-se à incidência do imposto sobre a renda de acordo com as mesmas normas previstas para as aplicações financeiras das pessoas jurídicas.

O imposto poderá ser compensado com o retido na fonte pelo fundo de investimento imobiliário, por ocasião da distribuição de rendimentos e ganhos de capital. Essa compensação será efetuada proporcionalmente à participação do cotista pessoa jurídica ou pessoa física não sujeita à isenção, que é aplicável aos rendimentos distribuídos pelos fundos de investimento imobiliário cujas cotas sejam admitidas à negociação exclusivamente em bolsa de valores ou no mercado de balcão organizado.

A parcela do imposto não compensada relativa à pessoa física sujeita à isenção será considerada tributável exclusivamente na fonte.

Ganhos de capital e rendimentos auferidos na alienação ou no resgate de cotas

Os ganhos de capital e rendimentos auferidos na alienação ou no resgate de cotas dos fundos de investimento imobiliário por qualquer beneficiário, inclusive por pessoa jurídica isenta, sujeitam-se à incidência do imposto sobre a renda à alíquota de 20%.

Isenção

Ficam isentos do imposto sobre a renda na fonte e na declaração de ajuste anual das pessoas físicas os rendimentos distribuídos pelos fundos de investimento imobiliário cujas cotas sejam admitidas à negociação exclusivamente em bolsas de valores ou no mercado de balcão organizado.

Aplicações em títulos e valores mobiliários de renda fixa e de renda variável

Este item trata das normas de tributação das aplicações financeiras em títulos de renda fixa e de renda variável sujeitos à retenção de imposto sobre a renda na fonte, com exceção das operações realizadas em bolsas de valores, de mercadorias, de futuros e assemelhadas, que serão tratadas em item distinto.

Os rendimentos produzidos por aplicações financeiras de renda fixa e de renda variável, auferidos por qualquer beneficiário, inclusive pessoa jurídica isenta, sujeitam-se à incidência do imposto sobre a renda na fonte pelas alíquotas regressivas, quais sejam:

1) 22,5%, em aplicações com prazo de até 180 dias;
2) 20%, em aplicações com prazo de 181 dias até 360 dias;
3) 17,5%, em aplicações com prazo de 361 até 720 dias;
4) 15%, em aplicações com prazo acima de 720 dias.

A base de cálculo do imposto é constituída pela diferença positiva entre o valor da alienação, líquido do imposto sobre operações financeiras (IOF), quando couber, e o valor da aplicação financeira.

Para fins de incidência do IRRF, a alienação compreende qualquer forma de transmissão da propriedade, bem como a liquidação, o resgate, a cessão ou a repactuação do título ou aplicação.

A transferência de título, valor mobiliário ou aplicação entre contas de custódia não acarreta fato gerador de imposto ou contribuição administrada pela Secretaria da Receita Federal do Brasil, desde que:

1) não haja mudança de titularidade do ativo, nem disponibilidade de recursos para o investidor;
2) a transferência seja efetuada no mesmo sistema de registro e de liquidação financeira.

Os rendimentos periódicos produzidos por título ou aplicação, bem como qualquer remuneração adicional aos rendimentos prefixados, serão submetidos à incidência do IRRF por ocasião de seu pagamento, aplicando-se as alíquotas regressivas conforme a data de início da aplicação ou de aquisição do título ou valor mobiliário.

Como definido pela IN RFB nº 1.022, de 5 de abril de 2010, em seu art. 38:

> São também tributados como aplicações financeiras de renda fixa os rendimentos auferidos:
> I - nas operações conjugadas que permitam a obtenção de rendimentos predeterminados, tais como as realizadas:
> a) nos mercados de opções de compra e de venda em bolsas de valores, de mercadorias e de futuros (box);
> b) no mercado a termo nas bolsas de que trata a alínea "a", em operações de venda coberta e sem ajustes diários;
> c) no mercado de balcão;
> II - pela entrega de recursos a pessoa jurídica, sob qualquer forma e a qualquer título, independentemente de a fonte pagadora ser ou não instituição autorizada a funcionar pelo Banco Central do Brasil;
> III - nas operações de mútuo de recursos financeiros entre pessoas jurídicas ou entre pessoa jurídica e pessoa física;
> IV - no reembolso ou na devolução dos valores retidos referentes ao IOF incidente nas operações com títulos ou valores mobiliários;

V - nas operações de transferência de dívidas realizadas com instituição financeira e demais instituições autorizadas a funcionar pelo Banco Central do Brasil.

Operações de swap

Estão sujeitos à incidência do imposto sobre a renda na fonte, as alíquotas regressivas, os rendimentos auferidos em operações de *swap*, conforme preceitua o art. 40 da IN RFB nº 1.022/2010:

Art. 40. [...]

§ 1º. A base de cálculo do imposto nas operações de que trata este artigo será o resultado positivo auferido na liquidação do contrato de *swap*, inclusive quando da cessão do mesmo contrato.

§ 2º. O imposto será retido pela pessoa jurídica que efetuar o pagamento do rendimento, na data da liquidação ou da cessão do respectivo contrato.

§ 3º. Para efeitos de apuração e pagamento do imposto mensal sobre os ganhos líquidos, as perdas incorridas em operações de *swap* não poderão ser compensadas com os ganhos líquidos auferidos em outras operações de renda variável.

§ 4º. As perdas incorridas nas operações de que trata este artigo somente serão dedutíveis na determinação do lucro real, se a operação de *swap* for registrada e contratada de acordo com as normas emitidas pelo Conselho Monetário Nacional e pelo Banco Central do Brasil.

§ 5º. Na apuração do imposto de que trata este artigo, poderão ser considerados como custo da operação os valores pagos a título de cobertura (prêmio) contra eventuais perdas incorridas em operações de *swap*.

§ 6º. Quando a operação de *swap* tiver por objeto taxa baseada na remuneração dos depósitos de poupança, esta remuneração será adicionada à base de cálculo do imposto.

§ 7º. No caso de que trata o § 6º, o valor do imposto fica limitado ao rendimento auferido na liquidação da operação de *swap*.

Ouro equiparado a operações de renda fixa

Os ganhos de capital decorrentes de operações com ouro, ativo financeiro, negociado em bolsa de valores, de mercadorias, de futuros e assemelhadas, sujeitam-se às normas de incidência do imposto sobre a renda aplicáveis aos ganhos líquidos. Por outro lado, as operações de mútuo e de compra vinculada à revenda tendo por objeto ouro, ativo financeiro são equiparadas a renda fixa para fins de incidência do IRRF.

Títulos de capitalização

Ainda de acordo com a IN RFB nº 1.022/2010, em seu art. 43:

> Os rendimentos auferidos em operações com títulos de capitalização sujeitam-se à incidência do imposto sobre a renda na fonte às seguintes alíquotas:
> I - 30% (trinta por cento), sobre o pagamento de prêmios em dinheiro, mediante sorteio, sem amortização antecipada;
> II - 25% (vinte e cinco por cento) sobre:
> a) os benefícios líquidos resultantes da amortização antecipada, mediante sorteio; e
> b) os benefícios atribuídos aos portadores dos referidos títulos nos lucros da empresa emitente; e
> II - 20% (vinte por cento), nas demais hipóteses, inclusive no caso de resgate sem ocorrência de sorteio.
> § 1º. O imposto de que trata este artigo será devido na data do pagamento, sendo responsável pela retenção a pessoa jurídica que pagar o rendimento.

Operações em bolsa de valores, de mercadorias, de futuros e assemelhadas e operações de liquidação futura fora de bolsa

Passa-se a tratar das regras de incidência do imposto sobre a renda nos ganhos líquidos auferidos por qualquer beneficiário, inclusive pessoa jurídica isenta, em operações realizadas nas bolsas de valores, de mercadorias, de futuros e assemelhadas, existentes no país, bem como aos ganhos líquidos auferidos.

Os ganhos líquidos auferidos em alienações ocorridas nos mercados à vista, em operações liquidadas nos mercados de opções e a termo e em ajustes diários apurados nos mercados futuros sujeitam-se ao imposto sobre a renda à alíquota de 15%.

Retenção na fonte 0,005%

As operações no mercado à vista, mercado de opções, mercados futuros e mercado a termo sujeitam-se à incidência do imposto sobre a renda na fonte, à alíquota de 0,005% sobre os seguintes valores, nos termos dos incisos I a IV do art. 52 da IN RFB nº 1.022/2010:

I - nos mercados futuros, a soma algébrica dos ajustes diários, se positiva, apurada por ocasião do encerramento da posição, antecipadamente ou no seu vencimento;
II - nos mercados de opções, o resultado, se positivo, da soma algébrica dos prêmios pagos e recebidos no mesmo dia;
III - nos mercados a termo:
a) quando houver a previsão de entrega do ativo na data do seu vencimento, a diferença, se positiva, entre o preço a termo e o preço à vista na data da liquidação;
b) com liquidação exclusivamente financeira, o valor da liquidação financeira previsto no contrato;

IV - nos mercados à vista, o valor da alienação, nas operações com ações, ouro ativo financeiro e outros valores mobiliários neles negociados.

Questões de automonitoramento

1) Após ler este capítulo, você é capaz de resumir os casos geradores do capítulo 5, identificando as partes envolvidas, os problemas atinentes e as soluções cabíveis?
2) Quando a amortização do ágio se torna uma despesa dedutível para fins de apuração do IRPJ e da CSLL?
3) Diferencie os dividendos dos juros sobre o capital próprio (JCP).
4) Incide imposto sobre a renda na remuneração via juros sobre capital próprio (JCP)?
5) Qual a diferença entre investimento de renda fixa e de renda variável?
6) Qual a tributação incidente sobre uma aplicação financeira de renda fixa e uma operação de renda variável?
7) Pense e descreva, mentalmente, alternativas para a solução dos casos geradores do capítulo 5.

2

IR – Imposto de renda de pessoas físicas

Roteiro de estudo

Apresentação

Este capítulo tem o objetivo de apresentar ao aluno algumas diretrizes para o aprofundamento do estudo acerca do imposto sobre a renda e proventos de qualquer natureza para as pessoas físicas (IRPF).

A disciplina normativa do IRPF está contida na Constituição Federal de 1988 (CRFB/1988), no Código Tributário Nacional (CTN) – recepcionado como lei complementar pela CRFB/1988 – e em múltiplas leis complementares, leis ordinárias, decretos-leis, decretos e outros atos normativos federais.

A legislação infraconstitucional relativa ao IRPF (assim como a relativa ao imposto de renda das pessoas jurídicas – IRPJ) foi consolidada no CTN ao definir as normas gerais do imposto de renda em seus arts. 43 a 45, estabelecendo os arquétipos para o fato gerador, base de cálculo e contribuintes; no Decreto nº 3.000, de 26 de março de 1999, que baixou o denominado Regulamento do Imposto de Renda de 1999 (RIR/1999), e que faz referência, ao final de cada artigo, à norma que o fundamenta. Neste estudo, serão abordados, a partir da CRFB/1988, do CTN e do RIR/1999, aspectos relativos ao fato gerador, contribuinte e responsável tributário, à base de cálculo do IRPF e à forma da tributação pelo imposto.

Princípios constitucionais inerentes ao imposto de renda

Além de o imposto de renda (IR) submeter-se aos princípios constitucionais gerais e aos relativos ao Sistema Tributário Nacional e de se guiar pela pessoalidade, a CRFB/1988 estabelece que seja ele informado pelos critérios da pessoalidade (art. 145, § 1º), generalidade, universalidade e progressividade (art. 153, § 2º).

Tais critérios relacionam-se à materialização dos princípios da isonomia e da capacidade contributiva e são de fundamental importância, especialmente para a compreensão e o exame crítico das disposições da legislação infraconstitucional que tratam dos contribuintes e da quantificação do imposto devido.

O IRPF é o imposto pessoal por excelência. É a pessoalidade que determina as deduções previstas em lei. Pagarão menos impostos principalmente os contribuintes que tenham despesas médicas, com educação e relacionadas ao pagamento de pensões judiciais. Nada obstante, os baixos limites de dedução fixados pelo legislador (que serão vistos adiante) tornam menos efetiva a concretização desse importante princípio constitucional.

A generalidade diz respeito ao sujeito passivo da obrigação tributária. O imposto de renda deve alcançar igualmente todos os contribuintes que pratiquem o fato gerador. Não se admite, por exemplo, que se conceda tratamento diferenciado a uma determinada categoria profissional, como bem entendeu o STF ao decidir que a norma que previa isenção do imposto de renda em benefício dos magistrados não foi recepcionada pela CRFB/1988.[13]

A universalidade diz respeito à extensão da base de cálculo. O imposto de renda deve incidir de modo uniforme sobre a totalidade das rendas do contribuinte. Não se admite que sejam estabelecidas distinções entre a origem das rendas para fins de tributação.

A progressividade é a expressão máxima do critério da capacidade contributiva. A alíquota do imposto de renda deve variar positivamente à medida que aumenta a base de cálculo do tributo.

Fato gerador do IRPF

O art. 153, III, da CRFB/1988 prevê que compete à União instituir impostos "sobre a renda e proventos de qualquer natureza".

Em que pesem as discussões sobre o alcance do conceito constitucional de renda (e, portanto, sobre os limites constitucionais à fixação legal da base de cálculo do IR), é certo que tanto a palavra "renda" quanto a palavra "proventos", em contraposição à palavra "patrimônio" constante de outros dispositivos da CRFB/1988, deixam clara a ideia de majoração, de incremento, de ingresso de direito novo na esfera patrimonial do contribuinte.

A propósito, vale conferir o que leciona Ricardo Lobo Torres:[14]

> Renda e proventos são conceitos constitucionais abertos, que devem ser trabalhados pela doutrina e pela legislação. A CF não opta por qualquer das teorias elaboradas sobre a noção de renda nem define o fato gerador do tributo. O legislador tem,

---

[13] BRASIL. Supremo Tribunal Federal. RE nº 236.881/RS. Relator: ministro Maurício Corrêa. Segunda Turma. Julgamento em 5 de fevereiro de 2002. DJ, 26 abr. 2002.
[14] TORRES, Ricardo Lobo. Curso de direito financeiro e tributário. 9. ed. atualiz. até a publicação da Emenda Constitucional nº 33, de 11.12.2001, e da Lei Complementar (LC) nº 113, de 19.09.01. Rio de Janeiro: Renovar, 2002. p. 339.

portanto, liberdade para a concretização normativa, respeitados os limites do sentido possível do conceito de renda, acrescido da noção residual de proventos, como acréscimo de patrimônio em determinado lapso de tempo.[15]

O art. 146, III, "a", da CRFB/1988 dispõe que cabe à lei complementar definir os fatos geradores, as bases de cálculo e os contribuintes dos impostos discriminados no próprio texto constitucional. Ao definir o fato gerador do IR, o art. 43 do CTN retrata fielmente a acepção de renda e proventos como "riqueza nova":

> Art. 43. O imposto, de competência da União, sobre a renda e proventos de qualquer natureza, tem como fato gerador a aquisição da disponibilidade econômica ou jurídica:
> I - de renda, assim entendido o produto do capital, do trabalho ou da combinação de ambos;
> II - de proventos de qualquer natureza, assim entendidos os acréscimos patrimoniais não compreendidos no inciso anterior.[16]

Assim, apesar de a legislação consolidada no RIR/1999 pretender disciplinar, de forma taxativa, os rendimentos que seriam tributáveis e aqueles que seriam não tributáveis, bem como o que se entenderia por ganho de capital, é de se aferir, em cada caso, se o ingresso financeiro supostamente sujeito à incidência do IRPF realmente representa acréscimo, como bem ensina Leandro Paulsen:

---

[15] A esse mesmo raciocínio se alinham: Hugo de Brito Machado (*Curso de direito tributário*. 25. ed. São Paulo: Malheiros, 2004. p. 270) e Luiz Emygdio F. da Rosa Jr. (*Manual de direito financeiro e direito tributário*. 18. ed. rev. e atualiz. Rio de Janeiro: Renovar, 2005. p. 876-877).

[16] Hugo de Brito Machado adverte, ainda sobre o assunto, que "a definição do fato gerador do imposto de renda, pelo legislador ordinário, tem sido casuística, e nem sempre se mantém no âmbito material" indicado tanto pelo art. 153, III, da CRFB/1988 quanto pelo art. 43 do CTN (*Curso de direito tributário*, 2004, op. cit., p. 313).

Acréscimo patrimonial significa riqueza nova, de modo que corresponde ao que sobeja de todos os investimentos e despesas efetuados para a obtenção do ingresso, o que tem repercussão na apuração da base de cálculo do imposto. Sendo o acréscimo patrimonial o fato gerador do Imposto de Renda, certo é que nem todo ingresso financeiro implicará a sua incidência. Tem-se que analisar a natureza de cada ingresso para verificar se realmente se trata de renda ou proventos novos, que configurem efetivamente acréscimo patrimonial.[17]

Em um breve resumo, a aquisição da disponibilidade jurídica da renda ocorre quando o contribuinte pode dela dispor sem qualquer óbice, por ato unilateral seu. A aquisição da disponibilidade econômica dá-se pelo recebimento da renda, mesmo que esta ainda não seja juridicamente exigível. Por outro lado, não alcança a mera expectativa de ganho futuro ou em potencial nem tampouco a simples posse de numerário alheio.

Diferentemente do IRPJ, o IRPF incide, tão somente, com base no regime de caixa, tributando-se a renda apenas no momento em que esta é materialmente recebida.

O fato gerador do IRPF é complexo e se considera aperfeiçoado no final do período de apuração (anual), em 31 de dezembro de cada ano.

Por outro lado, apesar de se submeter ao regime de apuração anual, o IRPF é devido em bases correntes – tributando-se os rendimentos ou o ganho de capital na medida da sua obtenção (de acordo com as formas de tributação descritas na seção "Aspecto temporal e formas de tributação", adiante).

---

[17] PAULSEN, Leandro. *Direito tributário*. 11. ed. São Paulo: Livraria do Advogado, 2009. p. 736.

Contribuinte do IRPF

O art. 45 do CTN estabelece (1) que o contribuinte do IR é o titular da disponibilidade econômica ou jurídica da renda e (2) que a lei pode atribuir a condição de contribuinte ao possuidor, a qualquer título, dos bens produtores da renda ou dos proventos tributáveis.

Por sua vez, concretizando o princípio constitucional da generalidade do imposto em pauta, a legislação ordinária dispõe que são contribuintes do IRPF, sem distinção da nacionalidade, sexo, idade, estado civil ou profissão, as pessoas físicas que sejam titulares de disponibilidade econômica ou jurídica de renda ou proventos de qualquer natureza, inclusive rendimentos e ganhos de capital, ou que percebam rendimentos de bens de que tenham posse como se lhes pertencessem, e que sejam (1) domiciliadas ou residentes no Brasil (mesmo que ausentes do país, desde que permaneçam na condição de residentes); ou (2) residentes ou domiciliadas no exterior, mas auferam rendimentos de fontes brasileiras[18; 19] (arts. 2º e 3º do RIR/1999). Dispõe ainda a lei que,

---

[18] Domicílio fiscal da pessoa física é a sua residência habitual e, no caso de exercício de profissão ou função particular ou pública, o lugar onde a profissão ou função estiver sendo desempenhada. Sendo verificada pluralidade de residências no país, o domicílio fiscal será eleito perante a autoridade competente, considerando-se feita a eleição no caso da apresentação continuada das declarações de rendimentos num mesmo lugar. Nessa última hipótese, não havendo eleição do domicílio perante a autoridade competente, tal fato ensejará a fixação, de ofício, do domicílio fiscal no lugar da residência habitual ou, sendo esta incerta ou desconhecida, no centro habitual de atividade do contribuinte, e se, ainda assim, não for possível a aplicação dessa regra, considerar-se-á como domicílio fiscal do contribuinte o lugar onde se encontrem seus bens principais ou onde ocorreram os atos e fatos que deram origem à obrigação tributária. É de se notar que a pessoa física que se ausentar do território nacional temporariamente deverá nomear pessoa habilitada no país para cumprir, em seu nome, suas obrigações tributárias e representá-la perante as autoridades fiscais (Decreto nº 3.000/1999, arts. 28 a 31).

[19] O domicílio fiscal do procurador ou representante de residentes ou domiciliados no exterior é o lugar onde se achar sua residência habitual ou a sede da representação no país, aplicando-se, no que couberem, as regras conferidas para a definição do domicílio fiscal no país, e, na hipótese de o residente no exterior permanecer no território nacional e não ter procurador, representante ou empresário no país, considerar-se-á como domicílio fiscal o lugar onde estiver exercendo suas atividades (Decreto nº 3.000/1999, art. 32).

ao espólio, aplicam-se as normas a que estão sujeitas as pessoas físicas (art. 11 do RIR/1999).

Como questão incidente relativa ao conceito de contribuinte do IRPF, vale esclarecer que os contribuintes que sejam menores de idade ou incapazes terão seus rendimentos ou ganhos de capital tributado em seus nomes, com o número de inscrição próprio no CPF (cadastro de pessoas físicas), cabendo a qualquer um dos pais, ao tutor, curador ou responsável pela sua guarda, a responsabilidade pelo recolhimento do tributo e pela apresentação de declaração.

Opcionalmente, o menor ou incapaz pode ter seus rendimentos ou ganhos de capital tributados em conjunto com os de qualquer um dos pais, do tutor ou do curador, passando a ser considerado dependente (art. 4º do RIR/1999). Essas regras aplicam-se, também, à tributação de rendimentos auferidos em dinheiro pelo incapaz a título de alimentos ou pensão, em virtude do cumprimento de acordo homologado judicialmente ou por força de decisão judicial, ainda que os alimentos fixados sejam provisórios (art. 5º do RIR/1999). Assim, mesmo quando a pensão é descontada em fonte, os alimentos não se sujeitam à retenção de IRPF na fonte.

Ressalte-se, ainda, que, na constância da sociedade conjugal ou na união estável reconhecida como entidade familiar, cada cônjuge ou companheiro terá seus rendimentos tributados na proporção de 100% dos que lhes forem próprios e 50% daqueles produzidos pelos bens comuns ao casal, sendo facultada a possibilidade de que tais rendimentos sejam tributados, em sua totalidade, em nome de um ou outro cônjuge ou companheiro.

Aplicam-se essas regras às uniões afetivas entre pessoas do mesmo sexo, na linha do entendimento adotado no Parecer PGFN/CAT[20] nº 1.503/2010, de 19 de julho de 2010, aprovado

---

[20] Procuradoria-Geral da Fazenda Nacional/Coordenação-Geral de Assuntos Tributários.

com efeitos vinculantes pelo ministro da Fazenda, e no qual se considerou que a companheira homoafetiva pode ser considerada dependente na declaração do IRPF, desde que preenchidos os requisitos exigíveis à comprovação da união estável.[21]

Responsável pelo pagamento do IRPF

O responsável é o sujeito passivo indireto da obrigação tributária, porquanto, ao contrário do contribuinte, não se vincula diretamente ao fato gerador. O art. 128 do CTN estabelece que

> a lei pode atribuir de modo expresso a responsabilidade pelo crédito tributário a terceira pessoa, vinculada ao fato gerador da respectiva obrigação, excluindo a responsabilidade do contribuinte ou atribuindo-a a este em caráter supletivo do cumprimento total ou parcial da referida obrigação.

Luiz Emygdio F. da Rosa Jr.[22] consigna, sobre o tema, entre outros aspectos não menos relevantes:

> O art. 128 merece as seguintes observações. Primeiro, trata-se de regra que complementa e aclara o inciso II do parágrafo único do art. 121, que se refere ao responsável como uma das espécies do sujeito passivo da obrigação tributária e, ao mesmo tempo, preside e ajuda a entender as normas seguintes do Capítulo V.

---

[21] Na sua fundamentação, o citado parecer faz referência (1) ao fato de a legislação do IRPF não restringir ou limitar as regras relativas ao companheiro às uniões heterossexuais e (2) aos princípios da não discriminação e da dignidade da pessoa humana, a que o Supremo Tribunal Federal (STF) também aludiu, cerca de um ano mais tarde, para reconhecer a união homoafetiva como entidade familiar, no julgamento da Ação de Descumprimento de Preceito Fundamental (ADPF) nº 132/RJ, relatada pelo ministro Carlos Ayres Britto (*DJe*, 13 out. 2011).

[22] ROSA JR., Luiz Emygdio F. da. *Manual de direito financeiro e direito tributário*, 2005, op. cit., p. 534.

Segundo, há necessidade de lei para que se possa atribuir responsabilidade tributária a terceiro, não bastando, portanto, a regra genérica do dispositivo em tela. Essa lei, no entanto, deve atribuir de modo expresso, claro, tal responsabilidade a terceiro, não podendo deixar qualquer dúvida a respeito da matéria [...] Terceiro, a lei não pode eleger qualquer terceiro como responsável tributário, pois tem de ser pessoa vinculada de alguma forma ao fato gerador, menos a econômica, porque o contribuinte é que tem a relação pessoal e direta de tal natureza com o fato gerador. Quarto, não se confundindo, assim, o responsável com a pessoa do contribuinte, este terceiro tem responsabilidade (*Haftung*), sem ter o débito (*Shuld*).

O próprio CTN prevê diversas hipóteses de responsabilidade relativas aos tributos em geral (arts. 134 e 135) que são aplicáveis ao IR e estão reproduzidas no RIR/1999, como se verá adiante. Estabelece, também, especificamente em relação ao IR, que "a lei pode atribuir à fonte pagadora da renda ou dos proventos tributáveis a condição de responsável pelo imposto cuja retenção e recolhimento lhe caibam" (art. 45, parágrafo único), cabendo notar, contudo, que a falta de retenção do IR pela fonte não exonera o contribuinte do dever de pagá-lo.[23]

Consoante o que dispõem os arts. 23 a 27 do RIR/1999 (que, nesse particular, consolida apenas dispositivos legais), verifica-se que a responsabilidade em relação ao IRPF ocorre também nos seguintes casos:

1) quanto à responsabilidade dos sucessores, são pessoalmente responsáveis:

---

[23] Entre outros: BRASIL. Superior Tribunal de Justiça. AgRg no Ag nº 1.392.900/RS. Relator: ministro Mauro Campbell. Segunda Turma. Julgamento em 5 de maio de 2011. DJ, 11 maio 2011.

I - o sucessor a qualquer título e o cônjuge meeiro, pelo tributo devido pelo de cujus até a data da partilha ou adjudicação, limitada esta responsabilidade ao montante do quinhão, do legado, da herança ou da meação;
II - o espólio, pelo tributo devido pelo de cujus até a data da abertura da sucessão [art. 23];

2) no que se refere à responsabilidade de terceiros, nos casos de "impossibilidade de exigência do cumprimento da obrigação principal pelo contribuinte, respondem solidariamente com este, nos atos em que intervierem ou pelas omissões de que forem responsáveis":

I - os pais, pelo tributo devido por seus filhos menores [valendo notar que, quando declarados conjuntamente com os rendimentos dos seus pais, os rendimentos e os bens dos menores só responderão pela parcela do imposto proporcional à relação entre seus rendimentos tributáveis e o total da base de cálculo do imposto];
II - os tutores, curadores e responsáveis, pelo tributo devido por seus tutelados, curatelados ou menores dos quais detenham a guarda judicial;
III - os administradores de bens de terceiros, pelo tributo devido por estes;
IV - o inventariante, pelo tributo devido pelo espólio [art. 24];

3) Estabelece, ainda, o RIR/1999:

As firmas ou sociedades nacionais e as filiais, sucursais ou agências, no País, de firmas ou sociedades com sede no exterior são responsáveis pelos débitos do imposto correspondentes aos rendimentos que houverem pagado a seus diretores, gerentes e empregados e de que não tenham dado informação à repartição, quando estes se ausentarem do País sem os terem solvido [art. 26].

Base de cálculo do IRPF

A base de cálculo do IRPF é fixada a partir dos rendimentos brutos, excluídas as deduções permitidas por lei. A teor do art. 37 do RIR/1999, considera-se rendimento bruto "todo o produto do capital, do trabalho ou da combinação de ambos, os alimentos e pensões percebidos em dinheiro, e os proventos de qualquer natureza, assim entendidos os acréscimos patrimoniais não correspondentes aos rendimentos declarados". O RIR/1999 exemplifica os rendimentos tidos como tributáveis, os considerados "isentos ou não tributáveis" e lista, taxativamente, as deduções admitidas. Estabelece, ainda, que o ganho de capital determina-se pela diferença positiva entre o valor de alienação e o custo de aquisição do bem (art. 138), devendo ser apurado na forma dos arts. 123 a 137.

Especificamente em relação aos rendimentos auferidos pela pessoa física no exercício de atividade rural, o art. 63 do RIR/1999 estabelece que o rendimento a ser tributado pelo IRPF será a diferença entre a receita bruta recebida e as despesas pagas no ano-calendário, correspondente à diferença de todos os imóveis rurais da pessoa física.

O art. 61 do RIR/1999 estabelece que a receita bruta constitui-se do montante das vendas dos produtos oriundos das atividades definidas no art. 58,[24] exploradas pelo próprio produtor-vendedor, sendo esta igualmente integrada pelo(s):

---

[24] Lei nº 8.023/1990: "Art. 2º. Considera-se atividade rural: I - a agricultura; II - a pecuária; III - a extração e a exploração vegetal e animal; IV - a exploração da apicultura, avicultura, cunicultura, suinocultura, sericicultura, piscicultura e outras culturas animais; V - a transformação de produtos decorrentes da atividade rural, sem que sejam alteradas a composição e as características do produto in natura, feita pelo próprio agricultor ou

I - [...] valores recebidos de órgãos públicos, tais como auxílios, subvenções, subsídios, aquisições do Governo Federal – AGF e as indenizações recebidas do Programa de Garantia da Atividade Agropecuária – PROAGRO;

II - [...] montante ressarcido ao produtor agrícola, pela implantação e manutenção da cultura fumageira;

III - [...] valor da alienação de bens utilizados, exclusivamente, na exploração da atividade rural, exceto o valor da terra nua, ainda que adquiridos pelas modalidades de arrendamento mercantil e consórcio;

IV - [...] valor dos produtos agrícolas entregues em permuta com outros bens ou pela dação em pagamento;

V - [...] valor pelo qual o subscritor transfere os bens utilizados na atividade rural, os produtos e os animais dela decorrentes, a título da integralização do capital.

Na inteligência do art. 61, § 5º, do RIR/1999,

a receita bruta que decorrer da comercialização dos produtos obtidos com o exercício da atividade rural deverá ser comprovada por documentos usualmente utilizados, tais como nota fiscal do produtor, nota fiscal de entrada, nota promissória rural vinculada à nota fiscal do produtor e demais documentos reconhecidos pelas fiscalizações estaduais.

O art. 62 esclarece as condições para a dedução das despesas de custeio e investimentos do trabalhador rural, assim

---

criador, com equipamentos e utensílios usualmente empregados nas atividades rurais, utilizando exclusivamente matéria-prima produzida na área rural explorada, tais como a pasteurização e o acondicionamento do leite, assim como o mel e o suco de laranja, acondicionados em embalagem de apresentação. Parágrafo único. O disposto neste artigo não se aplica à mera intermediação de animais e de produtos agrícolas". Lei nº 9.430/1996: "Art. 59. Considera-se, também, como atividade rural o cultivo de florestas que se destinem ao corte para comercialização, consumo ou industrialização".

consideradas aquelas necessárias à percepção dos rendimentos e à manutenção da fonte produtora. O art. 65 do RIR/1999 trata da possibilidade de compensação do resultado positivo com prejuízos apurados em anos-calendário anteriores.

Rendimentos tributáveis

A partir do rol exemplificativo constante do RIR/1999, podem-se destacar os seguintes rendimentos considerados tributáveis pela legislação:

1) os provenientes do trabalho assalariado, as remunerações por trabalho prestado no exercício de empregos, cargos e funções, e quaisquer proventos ou vantagens percebidos, como salários, ordenados, vencimentos, soldos, subsídios, honorários, bolsas de estudo e de pesquisa, remuneração de estagiários;
2) as pensões, civis ou militares, de qualquer natureza, meios-soldos e quaisquer outros proventos recebidos de antigo empregador, de institutos, caixas de aposentadoria ou de entidades governamentais, em virtude de empregos, cargos ou funções exercidos no passado;
3) as remunerações relativas à prestação de serviço por representantes comerciais autônomos, conselheiros fiscais e de administração, bem como diretores ou administradores de sociedades anônimas, civis ou de qualquer espécie, quando decorrentes de obrigação contratual ou estatutária;
4) 25% dos rendimentos do trabalho assalariado recebidos, em moeda estrangeira, por ausentes no exterior a serviço do país, de autarquias ou repartições do governo brasileiro, situadas no exterior;
5) os honorários decorrentes do livre exercício das profissões de médico, engenheiro, advogado, dentista, veterinário, professor, economista, contador, jornalista, pintor, escritor,

escultor e de outras que lhes possam ser assemelhadas, bem como a remuneração proveniente de profissões, ocupações e prestação de serviços não comerciais;
6) as corretagens e comissões dos corretores, leiloeiros e despachantes, seus prepostos e adjuntos;
7) os direitos autorais de obras artísticas, didáticas, científicas, urbanísticas, projetos técnicos de construção, instalações ou equipamentos, quando explorados diretamente pelo autor ou criador do bem ou da obra;
8) 10% do rendimento bruto percebido por garimpeiros na venda, a empresas legalmente habilitadas, de metais preciosos, pedras preciosas e semipreciosas por eles extraídos;
9) os rendimentos decorrentes da ocupação, uso ou exploração de bens corpóreos;
10) os rendimentos decorrentes de uso, fruição ou exploração de direitos (*royalties*), tais como o de colher ou extrair recursos vegetais, inclusive florestais; de pesquisar e extrair recursos minerais; de uso ou exploração de invenções, processos e fórmulas de fabricação e de marcas de indústria e comércio;
11) os valores percebidos, em dinheiro, a título de alimentos ou pensões, em cumprimento de decisão judicial ou acordo homologado judicialmente, inclusive a prestação de alimentos provisionais;
12) os rendimentos derivados de atividades ou transações ilícitas ou percebidos com infração à lei, independentemente das sanções que couberem;
13) os lucros e dividendos efetivamente pagos a sócios ou titular de empresa individual, escriturados no livro-caixa ou nos livros de escrituração contábil, que ultrapassarem o valor do lucro presumido de que tratam os incisos XXVII e XXVIII do art. 39,[25] deduzido do imposto sobre a renda correspondente;

---

[25] Decreto nº 3.000/1999 (RIR/1999): "Art. 39. [...] XVII - os lucros efetivamente recebidos pelos sócios, ou pelo titular de empresa individual, até o montante do lucro

14) os resultados positivos provenientes da atividade rural exercida pelas pessoas físicas, assim entendidos, por exemplo, como aqueles originários do exercício da agricultura; pecuária; extração e exploração vegetal e animal;
15) férias, inclusive as pagas em dobro, transformadas em pecúnia ou indenizadas, acrescidas dos respectivos abonos; licença especial ou licença-prêmio, inclusive quando convertida em pecúnia; gratificações, participações, interesses, percentagens, prêmios e cotas-partes de multas ou receitas; comissões e corretagens.

A despeito da pretensão das autoridades fiscais de tributarem amplamente os valores pagos ao empregado pelo empregador e das próprias disposições legais sobre o tema, a questão da natureza das verbas percebidas – se remuneratória ou paga por liberalidade (e, pois, sujeita ao IRPF) ou indenizatória (e, pois, não sujeita ao IRPF) – foi e ainda é amplamente discutida pelo Superior Tribunal de Justiça (STJ).

Há, por exemplo, precedentes do STJ no sentido de que não se sujeitam ao IRPF as verbas recebidas a título de Apips (ausências permitidas por interesse particular) ou abono-assiduidade não gozados, convertidos em pecúnia,[26] e de que se sujeitam ao IRPF os valores percebidos a título de participação em lucros e resultados.[27]

---

presumido, diminuído do imposto de renda da pessoa jurídica sobre ele incidente, proporcional à sua participação no capital social, ou no resultado, se houver previsão contratual, apurados nos anos-calendário de 1993 e 1994 (Lei nº 8.541, de 23 de dezembro de 1992, art. 20); [...] XXVIII - os lucros e dividendos efetivamente pagos a sócios, acionistas ou titular de empresa individual, que não ultrapassem o valor que serviu de base de cálculo do imposto de renda da pessoa jurídica tributada com base no lucro presumido, deduzido do imposto correspondente (Lei nº 8.981, de 1995, art. 46)".
[26] Entre outros: BRASIL. Superior Tribunal de Justiça. REsp nº 885.722/SP. Relatora: ministra Eliana Calmon. Segunda Turma. Julgamento em 10 de junho de 2008. *DJe*, 30 jun. 2008.
[27] Entre outros: BRASIL. Superior Tribunal de Justiça. AgR no REsp nº 1.146.360/RS. Relator: ministro Mauro Campbell. Segunda Turma. Julgamento em 19 de agosto de 2010. *DJe*, 28 set. 2010.

É de se registrar, ainda, a controvérsia existente sobre a forma de tributação dos rendimentos recebidos acumuladamente por força de decisão judicial.

Como dito em seção anterior, o IRPF incide com base no regime de caixa, tributando-se a renda apenas no momento em que esta é materialmente recebida.

Com base nessa premissa, as autoridades fiscais entendiam que os rendimentos recebidos acumuladamente deveriam ser tributados de acordo com as normas vigentes no momento do seu pagamento, inclusive no que se refere à alíquota.

Não obstante, no julgamento do REsp nº 1.118.429/SP, submetido ao rito dos recursos repetitivos, e de que foi relator o ministro Herman Benjamim, a Primeira Seção do STJ firmou o entendimento de que os rendimentos recebidos acumuladamente devem ser tributados de acordo com as tabelas e alíquotas vigentes à época em que os valores deveriam ter sido adimplidos, observando a renda auferida mês a mês pelo segurado (*DJe*, 14 maio 2010).

Esse entendimento foi posteriormente confirmado pelo Plenário do STF no julgamento do RE nº 614.406/RS, realizado sob o regime da repercussão geral e concluído em 23 de outubro de 2014, tendo sido designado relator para acórdão o ministro Marco Aurélio (*DJe*, 27 nov. 2014).

No que se refere a férias e à licença-prêmio, o STJ editou três súmulas, do seguinte teor:

> Súmula nº 125. O pagamento de férias não gozadas por necessidade do serviço não está sujeito à incidência do imposto de renda.

> Súmula nº 136. O pagamento de licença-prêmio não gozada por necessidade do serviço não está sujeito ao imposto de renda.

> Súmula nº 386. São isentas de imposto de renda as indenizações de férias proporcionais e o respectivo adicional.

Rendimentos isentos e não tributáveis

Como já dito, o RIR/1999 lista taxativamente, em seu art. 39, os rendimentos considerados isentos e não tributáveis, sem, contudo, distinguir uns dos outros. Algumas das principais verbas que, consoante previsão legal, não integram o cálculo do rendimento bruto são:

1) a ajuda de custo destinada a atender às despesas com transporte, frete e locomoção do beneficiado e seus familiares, em caso de remoção de um município para outro, sujeita a comprovação posterior pelo contribuinte;
2) as bolsas de estudo e de pesquisa caracterizadas como doação, quando recebidas exclusivamente para proceder a estudos ou pesquisas e desde que os resultados dessas atividades não representem vantagem para o doador nem importem contraprestação de serviços;[28]
3) os rendimentos auferidos em contas de depósitos de poupança;
4) o valor locativo do prédio construído, quando ocupado por seu proprietário ou cedido gratuitamente para uso do cônjuge ou de parentes de primeiro grau;
5) as contribuições pagas pelos empregadores relativas a programas de previdência privada em favor de seus empregados e dirigentes;
6) as diárias destinadas, exclusivamente, ao pagamento de despesas de alimentação e pousada, por serviço eventual realizado em município diferente do da sede de trabalho;

---

[28] Há jurisprudência administrativa e judicial no sentido de que não são isentos os valores recebidos a título de bolsa de estudos por empregado, do seu empregador, quando aquele se compromete a reverter a este resultados dos estudos e/ou pesquisas por ele financiados. Entre outros: BRASIL. Superior Tribunal de Justiça. REsp nº 959.195/MG. Relatora: ministra Eliana Calmon. Segunda Turma. Julgamento em 25 de novembro de 2008. *DJe*, 17 fev. 2009.

7) o auxílio-alimentação e o auxílio-transporte pago em pecúnia aos servidores públicos federais ativos da administração pública federal direta, autárquica e fundacional. Além disso, o art. 25 da MP nº 2.158-35/2001 também estabelece que não se sujeita ao IRPF o valor recebido de pessoa jurídica de direito público a título de auxílio-moradia, porquanto tal verba teria a mesma natureza do direito de uso de imóvel funcional, que foi por ela substituído;[29]

8) os rendimentos percebidos pelas pessoas físicas decorrentes de seguro-desemprego, auxílio-natalidade, auxílio-doença, auxílio-funeral e auxílio-acidente, pagos pela previdência oficial da União, dos estados, do Distrito Federal e dos municípios e pelas entidades de previdência privada;

9) a indenização:
   a) reparatória por danos físicos, invalidez ou morte, ou por bem material danificado ou destruído, em decorrência de acidente, até o limite fixado em condenação judicial, exceto no caso de pagamento de prestações continuadas;
   b) por acidente de trabalho;
   c) destinada a reparar danos patrimoniais em virtude de rescisão de contrato;
   d) por desligamento voluntário de servidores públicos civis, em que se considera isento o pagamento efetuado por pessoas jurídicas de direito público a servidores públicos civis, a título de incentivo à adesão a programas de desligamento voluntário (PDV);
   e) por rescisão de contrato de trabalho[30] e FGTS;

---

[29] MP nº 2.158-35/2001: "Art. 25. O valor recebido de pessoa jurídica de direito público a título de auxílio-moradia, não integrante da remuneração do beneficiário, em substituição ao direito de uso de imóvel funcional, considera-se como da mesma natureza deste direito, não se sujeitando à incidência do imposto de renda, na fonte ou na declaração de ajuste".

[30] Há isenção também no que se refere aos juros decorrentes dessas verbas, conforme precedentes do STJ. Por exemplo: BRASIL. Superior Tribunal de Justiça. AgRg no AREsp

f) em virtude de desapropriação para fins de reforma agrária, quando auferida pelo desapropriado;
g) por liquidação de sinistro, furto ou roubo, relativo ao objeto segurado;
h) a título reparatório a desaparecidos políticos, paga a seus beneficiários diretos;
i) de transporte a servidor público da União que realizar despesas com a utilização de meio próprio de locomoção para a execução de serviços externos por força das atribuições próprias do cargo.

Evidentemente, o IRPF não incide sobre nenhum tipo de indenização (e não apenas sobre os tipos de indenização listados no RIR como não tributáveis), porquanto a indenização nada mais é do que a recomposição do patrimônio que a pessoa física já possuía, não havendo, assim, que se falar em acréscimo patrimonial (fato gerador do IR, como visto em seção anterior).

Há, inclusive, precedentes da jurisprudência em que se afasta a incidência do IRPF sobre a indenização por danos morais, sob o fundamento de que, nesse caso, tem-se a simples recomposição do patrimônio imaterial do indenizado.[31]

Vale observar que no julgamento do REsp. nº 1.227.133/RS, submetido ao regime de recursos repetitivos, e de que foi relator para acórdão o ministro Cesar Asfor Rocha, a Primeira Seção do STJ decidiu que não incide imposto de renda sobre os juros moratórios legais, "em decorrência de sua natureza e função indenizatória ampla" (DJe, 19 out. 2011).

---

nº 248.264/RS. Relator: ministro Mauro Campbell Marques. Segunda Turma. Julgamento em 27 de novembro de 2012. DJ, 5 dez. 2012.
[31] Entre outros: BRASIL. Superior Tribunal de Justiça. REsp nº 1.150.020/RS. Relatora: ministra Eliana Calmon. Segunda Turma. Julgamento em 5 de agosto de 2010. DJe, 17 ago. 2010.

Despesas dedutíveis e indedutíveis

Diferentemente do que ocorre com as pessoas jurídicas, que podem deduzir da base de cálculo do IRPJ todas as despesas necessárias à sua atividade, as pessoas físicas somente podem deduzir da base de cálculo do IRPF as despesas expressamente previstas em lei, nos limites também fixados pela legislação.

Hipóteses de dedução

Consoante o disposto na Lei nº 9.250/1995, são dedutíveis, por exemplo, as despesas com dependentes, com instrução[32] e as de natureza médica.

Tais deduções relacionam-se com a efetivação do princípio da pessoalidade, corolário do princípio da capacidade contributiva (ambos insculpidos no art. 145, § 1º, da CRFB/1988), que reclama que a tributação se materialize de acordo com as condições pessoais do contribuinte.

Com a edição da Lei nº 11.119/2005, as hipóteses de dedução contidas na Lei nº 9.250/1995 foram ampliadas, não só no que se refere ao limite do valor dedutível, mas pela inserção de novas hipóteses de dedução. Novas alterações seguiram-se com a edição da MP nº 280/2006, convertida na Lei nº 11.311/2006; da MP nº 340/2006, hoje convertida na Lei nº 11.482/2007; e da MP nº 528/2011, convertida na Lei nº 12.469/2011.

Em resumo, tem-se que, no ano-calendário de 2014, o contribuinte podia deduzir da base de cálculo do IRPF as seguintes despesas:

---

[32] O art. 8º, II, "b", da Lei nº 9.250/1995, com redação dada pela Lei nº 11.482/2007, prevê que podem ser deduzidos os pagamentos "efetuados a estabelecimentos de ensino, relativos à educação infantil, compreendendo as creches e as pré-escolas; ao ensino fundamental; ao ensino médio; à educação superior, compreendendo os cursos de graduação e de pós-graduação (mestrado, doutorado e especialização); e à educação profissional, compreendendo o ensino técnico e o tecnológico".

1) no caso de retenção na fonte:
   a) pensão alimentícia (RIR/1999, art. 643);
   b) R$ 179,71 por dependente – art. 4º, III, "f", da Lei nº 9.250/1995, com redação dada pela Lei nº 12.469/2011;
   c) contribuição a entidade de previdência privada domiciliada no Brasil, desde que o ônus tenha sido do contribuinte (art. 11 da Lei nº 9.532/1997, com redação dada pela Lei nº 10.887/2004);
   d) contribuições para a previdência social da União, dos estados, do Distrito Federal e dos municípios;
   e) contribuições aos fundos de aposentadoria programada individual (Fapi), cujo ônus tenha sido do contribuinte (art. 11 da Lei nº 9.532/1997 – alterada pela Lei nº 12.973/2014, mas nenhuma alteração no art. 11 –, com redação dada pela Lei nº 10.887/2004);
   f) valor de até R$ 1.787,77 por mês, relativo à parcela isenta de aposentadoria, pensão, transferência para a reserva remunerada ou reforma, paga pela previdência oficial, ou privada, a partir do mês em que o contribuinte completar 65 anos de idade (art. 6º, XV, da Lei nº 7.713/1988, com redação dada pela Lei nº 12.469/2011);
2) no caso de recolhimento mensal (carnê-leão):
   a) as despesas escrituradas em livro-caixa, quando permitidas, ou seja, o contribuinte que receber rendimentos do trabalho não assalariado (inclusive o titular de serviços notariais e de registro e o leiloeiro) pode deduzir da receita decorrente do exercício da respectiva atividade, desde que escriturada em livro-caixa, a remuneração paga a terceiros, desde que com vínculo empregatício, e os respectivos encargos trabalhistas e previdenciários; os emolumentos pagos a terceiros, assim considerados os valores referentes à retribuição pela execução, pelos serventuários públicos, de atos cartorários, judiciais e extrajudiciais; e as despesas

de custeio pagas, necessárias à percepção da receita e à manutenção da fonte produtora.[33]

b) pensão alimentícia, quando não utilizada essa dedução para fins de retenção na fonte;

c) a quantia de R$ 179,71 por dependente, quando não utilizada essa dedução para fins de retenção na fonte (art. 4º, III, "f", da Lei nº 9.250/1995, com redação dada pela Lei nº 12.469/2011);

3) na declaração de ajuste anual e no caso de recolhimento complementar:

a) despesas médicas pagas para tratamento do contribuinte, de seus dependentes, e de alimentandos – destes, em virtude de decisão judicial;

b) soma dos valores mensais relativos:
- ❏ às despesas escrituradas em livro-caixa, quando permitidas;
- ❏ às importâncias pagas em dinheiro a título de pensão alimentícia em cumprimento de decisão judicial (inclusive a prestação de alimentos provisionais) ou acordo homologado judicialmente;
- ❏ à contribuição a entidade de previdência privada domiciliada no Brasil, desde que o ônus tenha sido do contribuinte (art. 11 da Lei nº 9.532/1997 – alterada pela Lei nº 12.973/2014, mas nenhuma alteração no art. 11 –, com redação dada pela Lei nº 10.887/2004);
- ❏ às contribuições para a previdência social da União, dos estados, do Distrito Federal e dos municípios;

---

[33] Nessa hipótese, não são dedutíveis "as quotas de depreciação de instalações, máquinas e equipamentos, bem como as despesas de arrendamento (*leasing*); as despesas de locomoção e transporte, salvo no caso de representante comercial autônomo, quando correrem por conta deste; as despesas relacionadas à prestação de serviços de transporte e aos rendimentos auferidos pelos garimpeiros" (disponível em: <www.receita.fazenda.gov.br/PessoaFisica/IRPF/2006/perguntas/DeducoesLivroCaixa.htm>; acesso em: 4 ago. 2015).

❏ às contribuições aos Fundos de Aposentadoria Programada Individual (Fapi), cujo ônus tenha sido do contribuinte (art. 11 da Lei nº 9.532/1997, com redação dada pela Lei nº 10.887/2004);[34]

❏ à soma das parcelas isentas de até R$ R$ 1.787,77 mensais relativas à aposentadoria ou pensão a partir do mês em que o contribuinte completar 65 anos;

c) o valor máximo de R$ 2.156,52 por dependente (art. 8º, II, "c", 6, da Lei nº 9.250/1995, com redação dada pela Lei nº 12.469/2011);

d) despesas pagas com instrução do contribuinte, de alimentandos em virtude de decisão judicial e de seus dependentes, até o limite anual individual de R$ 3.375,83 para o ano-calendário de 2014.

Vê-se que a efetiva aplicação do princípio da pessoalidade em matéria de IRPF continua a ser quase insignificante, não só pelos baixos limites para as deduções admitidas em lei como pela impossibilidade de dedução de outras despesas elementares para a preservação da própria dignidade da pessoa humana, como habitação, vestuário, alimentação, cultura etc.

A constitucionalidade dos limites da dedução ainda é objeto de discussão judicial, sendo controvertida no âmbito dos tribunais regionais federais. Há precedentes do STF no sentido de que não caberia ao Poder Judiciário majorá-los, pois, se o fizesse, estaria atuando como legislador positivo.[35] Pende de

---

[34] O somatório das contribuições a entidades de previdência privada e aos fundos de aposentadoria programada individual (Fapi) destinadas a custear benefícios complementares, assemelhados aos da previdência oficial, cujo ônus tenha sido do participante, está limitado a 12% do total dos rendimentos tributáveis computados na determinação da base de cálculo do imposto devido na declaração – para contribuições feitas a partir de 1º de janeiro de 2005.
[35] BRASIL. Supremo Tribunal Federal. RE nº 606.179 AgR/SP. Relator: ministro Teori Zavascki. Segunda Turma. Julgamento em 21 de maio de 2013. DJ, 4 jun. 2013.

julgamento a ADI nº 4.927, de relatoria da ministra Rosa Weber, em que a OAB alega ofensa aos comandos constitucionais relativos ao conceito de renda, capacidade contributiva, da dignidade humana, da razoabilidade e o direito à educação.

Ganho de capital na alienação de bens e direitos

Ganho de capital é o termo que designa o lucro obtido na alienação de um bem ou direito por preço superior ao do respectivo custo de aquisição (mais-valia). Confiram-se as operações em que pode haver ganho de capital tributado pelo IRPF definidas na IN SRF nº 84, de 11 de outubro de 2001:

> Art. 3º. Estão sujeitas à apuração de ganho de capital as operações que importem:
> I - alienação, a qualquer título, de bens ou direitos ou cessão ou promessa de cessão de direitos à sua aquisição, tais como as realizadas por compra e venda, permuta, adjudicação, desapropriação, dação em pagamento, procuração em causa própria, promessa de compra e venda, cessão de direitos ou promessa de cessão de direitos e contratos afins;
> II - transferência a herdeiros e legatários na sucessão *causa mortis*, a donatários na doação, inclusive em adiantamento da legítima, ou atribuição a ex-cônjuge ou ex-convivente, na dissolução da sociedade conjugal ou união estável, de direito de propriedade de bens e direitos adquiridos por valor superior àquele pelo qual constavam na Declaração de Ajuste Anual do de cujus, do doador, do ex-cônjuge ou ex-convivente que os tenha transferido.

A estas, acrescente-se a alienação de bens ou direitos e liquidação ou resgate de aplicações financeiras, de propriedade de pessoa física, adquiridos, a qualquer título, em moeda estrangeira.

Isenções relativas ao ganho de capital

Não se considera ganho de capital o valor decorrente de:

1 - Indenização da terra nua por desapropriação para fins de reforma agrária, conforme o disposto no § 5º do art. 184 da Constituição Federal de 1988.

2 - Indenização por liquidação de sinistro, furto ou roubo, relativo ao objeto segurado.[36]

Como já visto, não há que se falar em incidência do IRPF na hipótese de indenização, em que não há acréscimo de patrimônio, mas mera recomposição patrimonial. Nesse passo, tanto o art. 184, § 5º, da CRFB/1988 quanto a legislação ordinária que trata da isenção nas duas hipóteses referidas acima são redundantes.

Além disso, também não há incidência do IRPF nos seguintes casos, definidos pela SRF:[37]

1) alienação, por valor igual ou inferior a R$ 440.000,00, do único bem imóvel que o titular possua, individualmente, em condomínio ou em comunhão, independentemente de se tratar de terreno, terra nua, casa ou apartamento, ser residencial, comercial, industrial ou de lazer, e de estar localizado em zona urbana ou rural, desde que o alienante não tenha efetuado, nos últimos cinco anos, outra alienação de imóvel a qualquer título, tributada ou não. O limite de R$ 440.000 é considerado em relação:
a) à parte de cada condômino ou coproprietário, no caso de bens possuídos em condomínio;

---

[36] Disponível em: <www.receita.fazenda.gov.br/pessoafisica/irpf/2013/perguntao/perguntas/pergunta-534.htm>. Acesso em: 5 ago. 2015.
[37] Ibid.

b) ao imóvel possuído em comunhão, no caso de sociedade conjugal ou união estável (salvo contrato escrito entre os companheiros);
2) ganho apurado na alienação de imóveis adquiridos até 1969;
3) parte dos valores do ganho de capital na alienação de imóveis adquiridos entre 1969 e 1988 (nessa hipótese, a legislação prevê fatores de redução do ganho de capital – quanto mais antigo o imóvel, maior a redução);
4) a partir de 16 de junho de 2005, o ganho auferido por pessoa física residente no Brasil na venda de imóveis residenciais, desde que o alienante, no prazo de 180 dias contado da celebração do contrato, aplique o produto da venda na aquisição de imóveis residenciais localizados no país;
5) alienação de bens ou direitos de pequeno valor;
6) restituição de participação no capital social mediante a entrega à pessoa física, pela pessoa jurídica, de bens e direitos de seu ativo avaliados por valor de mercado;
7) transferência a pessoas jurídicas, a título de integralização de capital, de bens ou direitos pelo valor constante na declaração de rendimentos;
8) permuta de unidades imobiliárias, sem recebimento de torna (diferença recebida em dinheiro);
9) permuta, realizada pelo licitante vencedor, de títulos da dívida pública federal, estadual, do Distrito Federal ou municipal, ou de outros créditos contra a União, o estado, o Distrito Federal ou o município, como contrapartida à aquisição das ações ou cotas leiloadas, no âmbito dos respectivos programas de desestatização, desde que seja realizada (a permuta) por valor não superior ao de face;
10) alienação de bens localizados no exterior ou representativos de direitos no exterior, bem como a liquidação ou o resgate de aplicações financeiras, adquiridos a qualquer título, na condição de não residente (Medida Provisória nº 2.158-35,

de 24 de agosto de 2001, art. 24, § 6º, I – alterada pela Lei nº 12.973/2014 e pela Lei nº 12.995/2014 –; IN SRF nº 118/2000, art. 14, I);

11) a variação cambial decorrente das alienações de bens ou direitos adquiridos e das liquidações ou resgates de aplicações financeiras realizadas com rendimentos auferidos originariamente em moeda estrangeira;
12) a variação cambial dos saldos dos depósitos mantidos em instituições financeiras no exterior;
13) alienação de moeda estrangeira mantida em espécie, cujo total de alienações, no ano-calendário, seja igual ou inferior ao equivalente a cinco mil dólares dos Estados Unidos da América;
14) a partir de 1º de janeiro de 2002, na hipótese de doação de livros, objetos fonográficos ou iconográficos, obras audiovisuais e obras de arte, para os quais seja atribuído valor de mercado, efetuada por pessoa física a órgãos públicos, autarquias, fundações públicas ou entidades civis sem fins lucrativos, desde que os bens doados sejam incorporados ao acervo de museus, bibliotecas ou centros de pesquisa ou ensino, no Brasil, com acesso franqueado ao público em geral.

Alíquotas do IRPF

As alíquotas do IRPF incidente sobre os rendimentos do trabalho são progressivas, em atendimento ao disposto no art. 153, § 2º, da CRFB/1988, e variam de acordo com a faixa de enquadramento dos rendimentos auferidos pelo contribuinte. Pela sistemática da Lei nº 11.482/2007, mesmo que o total dos rendimentos do contribuinte seja enquadrável na alíquota máxima, ele terá direito à dedução do valor resultante da aplicação da isenção ou de alíquota inferior sobre as parcelas enquadráveis em cada uma das demais faixas. O IRPF anual devido é calculado de acordo com tabela progressiva anual, correspondente à soma das tabelas progressivas mensais vigentes nos meses de cada ano-calendário.

Eram as seguintes as alíquotas do IRPF para o ano-calendário de 2014 (tabela progressiva mensal do art. 1º da Lei nº 11.482/2007, com a redação dada pela Lei nº 12.469/2011):

Base de cálculo (R$)	Alíquota (%)	Parcela a deduzir do imposto (R$)
Até 1.787,77	–	–
De 1.787,78 até 2.679,29	7,5	134,08
De 2.679,30 até 3.572,43	15	335,03
De 3.572,44 até 4.463,81	22,5	602,96
Acima de 4.463,81	27,5	826,15

A alíquota do IRPF incidente sobre o ganho de capital é de 15%.

As alíquotas incidentes sobre os rendimentos de capital são as seguintes:

1) fundos de longo prazo e aplicações de renda fixa, em geral:
   a) 22,5% para aplicações com prazo de até 180 dias;
   b) 20% para aplicações com prazo de 181 até 360 dias;
   c) 17,5% para aplicações com prazo de 361 até 720 dias;
   d) 15% para aplicações com prazo acima de 720 dias;
2) fundos de curto prazo:
   a) 22,5% para aplicações com prazo de até 180 dias;
   b) 20% para aplicações com prazo acima de 180 dias;
3) fundos de ações: 15%;
4) aplicações em renda variável: 0,005%.

Nas remessas ao exterior, aplicam-se as seguintes alíquotas: 25% em relação a rendimentos do trabalho, com ou sem vínculo empregatício, aposentadoria, pensão por morte ou invalidez e os da prestação de serviços, pagos, creditados, entregues, empregados ou remetidos a não residentes, e 15% em relação a demais rendimentos de fontes situadas no Brasil.

No que se refere a outros rendimentos, as alíquotas são de: 30% em relação a prêmios e sorteios em dinheiro, 20% em relação a prêmios e sorteios na forma de bens e serviços e 1,5% em relação a serviços de propaganda e à remuneração de serviços profissionais.

Aspecto temporal e formas de tributação

Como visto em seção anterior, o período de apuração do imposto de renda pessoa física é anual, sem prejuízo da antecipação de pagamento mensal.

O IRPF incide das seguintes formas: tributação na fonte, tributação exclusivamente na fonte, tributação pelo próprio beneficiário do rendimento e declaração anual de rendimentos.

Tributação na fonte (mensal)

Estão submetidos à tributação na fonte, com base na tabela progressiva referida na seção anterior, entre outros, os seguintes rendimentos:

1) do trabalho assalariado;
2) do trabalho não assalariado, autônomo, quando recebidos de pessoas jurídicas;
3) originários de aluguéis e *royalties* quando recebidos de pessoas jurídicas, permitindo-se a dedução dos valores despendidos para materializar o recebimento correspondente, ou seja, despesas com administradoras de bens, condomínio e eventuais impostos cujo ônus tenha sido assumido pelo locador;

4) de pensões, quando a fonte pagadora for responsável pelo pagamento da pensão devida por contribuinte em razão de decisão ou acordo judicial.

Tributação exclusivamente na fonte

Os seguintes rendimentos são tributados exclusivamente na fonte:

1) o valor do 13º salário;
2) a totalidade dos ganhos e rendimentos de capital;
3) lucros provenientes de prêmios obtidos em loterias;
4) valores pagos a beneficiário não identificado;
5) prêmios distribuídos sob a forma de bens e serviços, por intermédio de sorteios ou concursos, bem como títulos de capitalização;
6) rendimentos de beneficiário residente ou domiciliado no exterior, aplicando-se as alíquotas de 15% sobre o valor de aluguéis ou *royalties* pagos ou creditados e de 25% sobre a remuneração de trabalho sem vínculo empregatício (realizado em razão de contratos de assistência técnica, científica, administrativa ou similar).

Tributação pelo próprio beneficiário do rendimento

O próprio beneficiário do rendimento está obrigado a realizar o recolhimento mensal do IRPF, por meio do carnê-leão (ou seja, pelo programa multiplataforma de recolhimento mensal obrigatório), apurado com base na tabela progressiva, dos seguintes rendimentos obtidos de outras pessoas físicas ou de fontes no exterior, e que não tenham sido tributados na fonte, tais como:

1) alimentos e pensões recebidos de pessoas físicas;
2) valores recebidos por residentes ou domiciliados no Brasil, que prestem serviços às embaixadas, repartições consulares etc.;
3) provenientes de aluguéis;
4) decorrentes de transporte de carga ou passageiros;
5) auferidos pelo exercício de atividade rural.

Os rendimentos provenientes de ganhos de capital e os obtidos no mercado de renda variável (operações em bolsas de valores, de futuros ou assemelhados) se submetem à tributação, em cada operação, em definitivo e em separado dos demais rendimentos.

Declaração de rendimentos

Todas as pessoas físicas contribuintes do IRPF estão obrigadas a apresentar declaração de rendimentos em modelo aprovado pela Secretaria da Receita Federal, até o último dia útil do mês de abril do ano-calendário subsequente àquele em que os rendimentos foram auferidos (declaração de ajuste anual).

Na declaração serão feitas as deduções permitidas pela legislação (entre as quais a do imposto retido na fonte e das despesas referidas na seção "Rendimentos tributáveis"), podendo ainda o contribuinte optar, em substituição às deduções legais, por desconto simplificado de 20% do valor dos rendimentos tributáveis, dispensando-se, nesse caso, a comprovação da despesa e a indicação de sua espécie. Ressalte-se que o valor deduzido por meio do desconto simplificado será considerado rendimento consumido, não podendo ser utilizado para comprovação de acréscimo patrimonial.

Uma vez tendo optado pelo desconto simplificado, não poderá o contribuinte, posteriormente, retificar sua declaração optando pelo modelo completo, tendo em vista a legislação e a jurisprudência do STJ.[38]

Na declaração, poderá apurado saldo do IRPF a pagar ou a restituir.

No primeiro caso, é exigido o pagamento em cota única até o mês fixado para a entrega da declaração de rendimentos ou, à opção do contribuinte, de forma parcelada em até seis vezes, com a incidência da taxa Selic a partir da segunda cota.

Já no segundo caso, a restituição a que o contribuinte fizer jus será promovida de ofício e acrescida de taxa Selic a partir do último dia do prazo para entrega da declaração.

Questões de automonitoramento

1) Após ler este capítulo, você é capaz de resumir o caso gerador do capítulo 5, identificando as partes envolvidas, os problemas atinentes e as soluções cabíveis?
2) Defina o conceito de contribuinte para fins de tributação pelo IRPF.
3) Discorra sobre o que constitui fato gerador do IRPF e sua respectiva base de cálculo.
4) Quais são as sistemáticas adotadas para fins de tributação do IRPF?
5) Pense e descreva, mentalmente, alternativas para a solução do caso gerador do capítulo 5.

---

[38] Entre outros: BRASIL. Superior Tribunal de Justiça. REsp nº 1.213.714/PR. Relator: ministro Mauro Campbell Marques. Segunda Turma. Julgamento em 15 de março de 2011. *DJe*, 22 mar. 2011.

3

IR – Incentivos fiscais

Roteiro de estudo

Incentivos fiscais no âmbito do imposto de renda

Primeiramente, antes de discorrer sobre o tema dos incentivos fiscais no âmbito do imposto sobre a renda (IR), consideramos importante enunciar os pressupostos teóricos da nossa abordagem.

Os incentivos fiscais são pensados e tratados pelo legislador dentro daquele que chamamos de "âmbito da extrafiscalidade", ou seja, a idealização e criação dos incentivos visam atender ao interesse público de fomento ou estímulo para uma determinada atividade ou setor da economia.

Discorrendo sobre a extrafiscalidade, Marcos André Vinhas Catão, ao citar Alonso Gonzalez, define extrafiscalidade da seguinte forma:

> A doutrina clássica convencionou chamar de função fiscal aquela preocupada simplesmente na coleta e concretização das

receitas tributárias. Ou seja, quando o Estado legitimamente exerce seu poder de tributar, de acordo com uma determinada carga média aplicada indistintamente a toda a coletividade, atua "fiscalmente". Por outro lado quando essa atividade é reduzida setorialmente, visando-se estimular especificamente determinada atividade, grupo ou valor juridicamente protegido como a cultura ou o meio ambiente, convencionou-se denominar de função "extrafiscal" ou "extrafiscalidade".[39]

Nesse contexto, os incentivos fiscais são definidos por Marcos André Vinhas Catão da seguinte forma:

> São instrumentos de desoneração tributária, pelo próprio ente político autorizado à instituição do tributo, através de veículo legislativo específico, com o propósito de estimular o surgimento de relações jurídicas de cunho econômico. Trata-se de uma suspensão parcial, ou total, mas sempre provisória, do poder que lhe é inerente, a fim de conformar determinadas situações, diferindo a tributação para o momento em que a captação de riquezas (imposição fiscal) possa ser efetuada de maneira mais efetiva, eficiente e justa.[40]

É de extrema importância salientar que tais incentivos devem obedecer ao binômio fundamental validade/efetividade. Quanto ao primeiro elemento desse binômio, pode-se afirmar que, para que um incentivo seja válido, será necessária a consonância estrita com os princípios constitucionais e a legalidade. No tocante à efetividade, deverá ficar plenamente demonstrado que o incentivo fiscal instituído trará resultados reais de fomento

---

[39] CATÃO, Marcos André Vinhas. *Regime jurídico dos incentivos fiscais*. Rio de Janeiro: Renovar, 2004. p. 4.
[40] Ibid., p. 13.

ou estímulo, no prazo esperado, ou seja, que o mesmo trará o desenvolvimento almejado com sua instituição atendendo à finalidade da política extrafiscal pretendida pelo legislador.

Os incentivos fiscais,[41] no exercício pleno do interesse público, ao objetivar o desenvolvimento de determinados setores econômicos ou regiões do país, são estabelecidos por meio de lei que define as regras e os procedimentos necessários ao enquadramento do contribuinte, bem como fixa os requisitos para permanência e aproveitamento de tais políticas.

Considerando que os incentivos fiscais concedem, necessariamente, suspensões, exclusões, isenções ou dispensa no cumprimento de obrigações acessórias, quando da aplicação e interpretação deve-se atentar para o enunciado do art. 111 do Código Tributário Nacional (CTN):

> Art. 111. Interpreta-se literalmente a legislação tributária que disponha sobre:
> I - suspensão ou exclusão do crédito tributário;
> II - outorga de isenção;
> III - dispensa do cumprimento de obrigações tributárias acessórias.

Isso quer dizer que não é admitida interpretação extensiva para tratar de incentivos fiscais, devendo o contribuinte atentar para as regras e condições de aproveitamento dos benefícios, evitando analogias e ajustes aos fatos não regulados pelo legislador.

No âmbito do IR, há previsões de deduções do valor devido a título dessa espécie tributária, no montante definido em lei, quando parte da renda tiver sido investida nas atividades

---

[41] Do ponto de vista do contribuinte, articula-se o conceito de incentivo, enquanto para o Estado, sujeito ativo, o plano de incentivos reflete a noção de renúncia fiscal.

econômicas ou nas regiões beneficiadas, desde que respeitados os requisitos e preceitos dispostos na legislação.

É bom frisar, que as empresas autorizadas por lei a deduzir, de seu imposto de renda a pagar, os incentivos fiscais investidos em certos fundos, podem beneficiar-se, por meio destes, não apenas de forma econômica, mas também de forma social, ao exteriorizar para a sociedade a imagem de empresa social, cidadã, que incentiva determinada região, atividade ou grupo de pessoas, como crianças, adolescentes ou idosos.

No que diz respeito aos incentivos fiscais relacionados ao IR, nos últimos anos tem havido uma relutância do legislador pátrio na priorização dessas políticas extrafiscais, em virtude unicamente do fato de a perda de receita não superar, em números, os resultados socioeconômicos pretendidos.

Em que pesem as observações acima, no âmbito do IR, atualmente, os incentivos fiscais de maior repercussão são os seguintes:

1) atividade audiovisual (Lei nº 8.685/1993 – Lei do Audiovisual);
2) atividades culturais e artísticas (Lei nº 8.313/1991 – Lei Rouanet);
3) atividades desportivas (Decreto nº 6.180/2007 e Lei nº 11.438/2006);
4) programas de alimentação do trabalhador (Lei nº 6.321/1976);
5) "Lei do Bem" (Lei nº 11.196/2005, regulamentada pelo Decreto nº 5.798/2006), que criou benefícios fiscais às pessoas jurídicas que realizarem pesquisa e inovação tecnológica, visando estimular investimentos privados em pesquisa e desenvolvimento tecnológico;[42]

---

[42] Essa lei substituiu o Programa de Desenvolvimento Tecnológico Industrial ou Agropecuário (PDTI/PDTA) para ampliar e simplificar a utilização dos incentivos fiscais pelas empresas, como contrapartida do investimento em tecnologia.

6) incentivos fiscais às empresas instaladas na área da Sudene e da Sudam (Instrução Normativa (IN) da Secretaria da Receita Federal do Brasil (SRFB) nº 267/2002, Decreto nº 4.212/2002 e Medida Provisória (MP) nº 2.199-14/2001);
7) doações aos fundos dos direitos da criança e do adolescente (IN SRFB nº 267/2002, Lei nº 8.069/1990, art. 260, Lei nº 8.242/1991, art. 10, e Lei nº 9.249/1995, art. 13, VI).

Incentivo ao desporto

A Lei nº 11.438/2006,[43] alterada pelas leis nº 11.472/2007, nº 13.155/2015 e nº 13.043/2014, que instituiu incentivos e benefícios para fomentar as atividades de caráter desportivo,

---

[43] Lei nº 11.438/2006: "Art. 1º. A partir do ano-calendário de 2007 e até o ano-calendário de 2022, inclusive, poderão ser deduzidos do imposto de renda devido, apurado na Declaração de Ajuste Anual pelas pessoas físicas ou em cada período de apuração, trimestral ou anual, pela pessoa jurídica tributada com base no lucro real os valores despendidos a título de patrocínio ou doação, no apoio direto a projetos desportivos e paradesportivos previamente aprovados pelo Ministério do Esporte. (Redação dada pela Lei nº 13.155, de 2015). § 1º. As deduções de que trata o *caput* deste artigo ficam limitadas: I - relativamente à pessoa jurídica, a 1% (um por cento) do imposto devido, observado o disposto no § 4º do art. 3º da Lei nº 9.249, de 26 de dezembro de 1995, e m cada período de apuração; (Redação dada pela Lei nº 11.472, de 2 de maio de 2007) II - relativamente à pessoa física, a 6% (seis por cento) do imposto devido na Declaração de Ajuste Anual, conjuntamente com as deduções de que trata o art. 22 da Lei nº 9.532, de 10 de dezembro de 1997. § 2º. As pessoas jurídicas *não* poderão deduzir os valores de que trata o *caput* deste artigo para fins de determinação do lucro real e da base de cálculo da Contribuição Social sobre o Lucro Líquido — CSLL. § 3º. Os benefícios de que trata este artigo não excluem ou reduzem outros benefícios fiscais e deduções em vigor. § 4º. Não são dedutíveis os valores destinados a patrocínio ou doação em favor de projetos que beneficiem, direta ou indiretamente, pessoa física ou jurídica vinculada ao doador ou patrocinador. § 5º. Consideram-se vinculados ao patrocinador ou ao doador: I - a pessoa jurídica da qual o patrocinador ou o doador seja titular, administrador, gerente, acionista ou sócio, na data da operação ou nos 12 (doze) meses anteriores; II - o cônjuge, os parentes até o terceiro grau, inclusive os afins, e os dependentes do patrocinador, do doador ou dos titulares, administradores, acionistas ou sócios de pessoa jurídica vinculada ao patrocinador ou ao doador, nos termos do inciso I deste parágrafo; III - a pessoa jurídica coligada, controladora ou controlada, ou que tenha como titulares, administradores acionistas ou sócios alguma das pessoas a que se refere o inciso II deste parágrafo" (grifo nosso).

regulamentada pelo Decreto nº 6.180/2007, dispõe que os recursos oriundos dos incentivos serão destinados à promoção da inclusão social por meio do esporte, preferencialmente em comunidades de vulnerabilidade social.

O benefício teve início no ano-calendário de 2007 e estender-se-á até o ano-calendário de 2022, podendo ser utilizado pelas pessoas jurídicas optantes pelo lucro real, bem como pelas pessoas físicas. Consiste na dedução, no imposto de renda, dos valores despendidos a título de patrocínio (com publicidade) ou doação (sem publicidade) a projetos desportivos e paradesportivos previamente aprovados pelo Ministério do Esporte.

Os investimentos feitos para o fomento das atividades desportivas podem ser deduzidos do imposto de renda das pessoas jurídicas tributadas pelo lucro real, bem como das pessoas físicas que fizerem sua declaração de imposto de renda no modelo completo. Tal dedução, no âmbito do IR, deverá ser feita tendo como base os investimentos feitos no próprio exercício social.

As pessoas físicas e jurídicas podem deduzir, do imposto de renda devido, até 100% dos valores investidos nos projetos desportivos, devendo respeitar certos limites de dedutibilidade, a seguir expostos.

As pessoas físicas, por sua vez, poderão deduzir do imposto sobre a renda, a título de investimento nas atividades desportivas, até 6% do montante devido, na declaração de ajuste anual, sendo tal percentual computado em conjunto com demais deduções previstas no art. 22 da Lei nº 9.532/1997.

A pessoa jurídica poderá deduzir até 1% do imposto devido, sem inclusão do adicional do imposto, em cada período de apuração, com valor máximo de patrocínio fixado pelo Ministério do Esporte.

Tal valor máximo de deduções será fixado anualmente por meio de ato do Poder Executivo, com base em percentual da renda tributável das pessoas físicas e do IR devido por pessoas jurídicas tributadas com base no lucro real, calculado sobre a alíquota de 15%.

Ainda com relação à dedução realizada pelas pessoas jurídicas, não poderão elas deduzir tais valores para fins de determinação do lucro real e da base de cálculo da CSLL. No tocante às pessoas físicas, o limite de 6% do IR será considerado em conjunto com os seguintes benefícios fiscais, conforme os incisos I a III do art. 12 da Lei Federal nº 9.250/1995:

I - as contribuições feitas aos Fundos controlados pelos Conselhos Municipais, Estaduais e Nacional dos Direitos da Criança e do Adolescente e pelos Conselhos Municipais, Estaduais e Nacional do Idoso;

II - as contribuições efetivamente realizadas em favor de projetos culturais, aprovados na forma da regulamentação do Programa Nacional de Apoio à Cultura – PRONAC;

III - os investimentos feitos a título de incentivo às atividades audiovisuais.

Os projetos desportivos e paradesportivos incentiváveis devem, obrigatoriamente, atender a pelo menos uma das seguintes manifestações (art. 4º do Decreto nº 6.180/2007):

I - desporto educacional, cujo público beneficiário deverá ser de alunos regularmente matriculados em instituição de ensino de qualquer sistema, nos termos dos arts. 16 a 20 da Lei nº 9.394, de 20 de dezembro de 1996, evitando-se a seletividade e a hipercompetitividade de seus praticantes, com a finalidade de alcançar o desenvolvimento integral do indivíduo e a sua formação para o exercício da cidadania e a prática do lazer;

II - desporto de participação, caracterizado pela prática voluntária, compreendendo as modalidades desportivas com finalidade de contribuir para a integração dos praticantes na plenitude da vida social, na promoção da saúde e educação e na preservação do meio ambiente; e

III - desporto de rendimento, praticado segundo regras nacionais e internacionais, com a finalidade de obter resultados, integrar pessoas e comunidades do País e estas com as de outras nações.

Salienta-se, conforme já exposto, que tais projetos incentiváveis deverão promover a inclusão social por meio do esporte, preferencialmente em comunidades de vulnerabilidade social, e que as despesas incorridas nos patrocínios ou doações não serão dedutíveis para fins de apuração do imposto de renda.

É vedada a utilização dos recursos oriundos dos incentivos para o pagamento de remuneração de atletas profissionais ou para a manutenção ou organização de equipes desportivas ou paradesportivas profissionais de alto rendimento ou, ainda, para organização de eventos profissionais, bem como não são dedutíveis os valores destinados a patrocínio ou doação em favor de projetos que beneficiem, direta ou indiretamente, pessoa física ou jurídica vinculada ao doador ou patrocinador, conforme disciplina o § 4º do art. 1º da Lei nº 11.438/2006.

É importante elucidar os conceitos trazidos pela Lei nº 11.438/2006, entre os quais encontramos:

1) *Para efeito de patrocínio* (art. 3º, I):
   a) a transferência gratuita, em caráter definitivo, ao proponente, que se caracteriza por ser a pessoa jurídica de direito público, ou privado, de natureza esportiva, que tenha projetos aprovados nos termos da lei, de numerário para a realização de projetos desportivos e paradesportivos, com finalidade promocional e institucional de publicidade;
   b) a cobertura de gastos ou a utilização de bens, móveis ou imóveis, do patrocinador, sem transferência de domínio, para a realização de projetos desportivos e paradesportivos pelo proponente.

2) *Para efeito de doação* (art. 3º, II):
   a) a transferência gratuita, em caráter definitivo, ao proponente, de numerário, bens ou serviços para a realização de projetos desportivos e paradesportivos, desde que não empregados em publicidade, ainda que para divulgação das atividades objeto do respectivo projeto;
   b) a distribuição gratuita de ingressos para eventos de caráter desportivo e paradesportivo por pessoa jurídica a empregados e seus dependentes legais ou a integrantes de comunidades de vulnerabilidade social.

Ainda conforme a Lei nº 11.438/2006, caracteriza-se como:

> Art. 3º. [...]
> III - patrocinador: a pessoa física ou jurídica, contribuinte do imposto de renda, que apoie projetos aprovados pelo Ministério do Esporte [...]
> IV - doador: a pessoa física ou jurídica, contribuinte do imposto de renda, que apoie projetos aprovados pelo Ministério do Esporte [...]
> V - proponente: a pessoa jurídica de direito público, ou de direito privado com fins não econômicos, de natureza esportiva, que tenha projetos aprovados nos termos desta Lei.

O proponente do projeto desportivo, ou paradesportivo, deverá cadastrar-se no Ministério do Esporte. Tal cadastramento será efetuado por meio eletrônico e serão analisados os projetos cujos proponentes estejam com o cadastro devidamente atualizado. À comissão técnica caberá avaliar e aprovar o enquadramento dos projetos apresentados e se sua composição e funcionamento se encontram dispostos no Decreto nº 6.180/2007.

Vale destacar que em alteração promovida pela Lei nº 13.043/2014, estabeleceu-se que caberá ao Ministério do Esporte informar à Secretaria da Receita Federal do Brasil (SRFB) os valores correspondentes a doação ou patrocínio destinados ao apoio direto a projetos desportivos e paradesportivos no ano-calendário anterior, sendo que as referidas informações serão prestadas no prazo, forma e condições a serem estabelecidas em ato normativo próprio da SRFB.

Audiovisual

A Lei nº 8.685/1993,[44] regulamentada pelo Decreto nº 6.304/2007, tem como objetivo estabelecer mecanismos de

---

[44] Lei nº 8.685/1993: "Art. 1º. Até o exercício fiscal de 2016, inclusive, os contribuintes poderão deduzir do imposto de renda devido as quantias referentes a investimentos feitos na produção de obras audiovisuais cinematográficas brasileiras de produção independente, mediante a aquisição de quotas representativas de direitos de comercialização sobre as referidas obras, desde que esses investimentos sejam realizados no mercado de capitais, em ativos previstos em lei e autorizados pela Comissão de Valores Mobiliários – CVM, e os projetos de produção tenham sido previamente aprovados pela Agência Nacional do Cinema – ANCINE. (Redação dada pela Lei nº 12.375, de 2010) § 1º. A responsabilidade dos adquirentes é limitada à integralização das quotas subscritas. § 2º. A dedução prevista neste artigo está limitada a três por cento do imposto devido pelas pessoas físicas e a um por cento do imposto devido pelas pessoas jurídicas. (Vide Lei nº 9.323, de 1996) § 3º. Os valores aplicados nos investimentos de que trata o artigo anterior serão: a) deduzidos do imposto devido no mês a que se referirem os investimentos, para as pessoas jurídicas que apuram o lucro mensal; b) deduzidos do imposto devido na declaração de ajuste para: 1 - as pessoas jurídicas que, tendo optado pelo recolhimento do imposto por estimativa, apuram o lucro real anual; 2 - as pessoas físicas. § 4º. A pessoa jurídica tributada com base no lucro real poderá, também, abater o total dos investimentos efetuados na forma deste artigo como despesa operacional. § 5º. Os projetos específicos da área audiovisual, cinematográfica de exibição, distribuição e infraestrutura técnica apresentados por empresa brasileira de capital nacional, poderão ser credenciados pelos Ministérios da Fazenda e da Cultura para fruição dos incentivos fiscais de que trata o caput deste artigo. Art. 1º-A. Até o ano-calendário de 2016, inclusive, os contribuintes poderão deduzir do imposto de renda devido as quantias referentes ao patrocínio à produção de obras cinematográficas brasileiras de produção independente, cujos projetos tenham sido previamente aprovados pela Ancine, do imposto de renda devido apurado: (Incluído pela Lei nº 11.437, de 2006) I - na declaração de ajuste anual pelas pessoas físicas; e (Incluído pela Lei nº 11.437, de 2006). II - em cada período de apuração, trimestral ou anual, pelas pessoas jurídicas tributadas com base no lucro real. (Incluído pela Lei nº 11.437, de 2006). § 1º. A dedução prevista neste artigo está limitada: (Incluído pela Lei nº 11.437, de 2006)

fomento para obras audiovisuais, cinematográficas e videofonográficas, almejando incentivar a produção, exibição, divulgação e produção de filmes no Brasil. Na inteligência do Decreto nº 6.304/2007, entende-se:

Art. 2º. [...]

I - obra audiovisual: produto da fixação ou transmissão de imagens, com ou sem som, que tenha a finalidade de criar a impressão de movimento, independentemente dos processos de captação, do suporte utilizado inicial ou posteriormente para fixá-las ou transmiti-las, ou dos meios utilizados para sua veiculação, reprodução, transmissão ou difusão;

II - obra cinematográfica: obra audiovisual cuja matriz original de captação é uma película com emulsão fotossensível ou matriz

---

I - a 4% (quatro por cento) do imposto devido pelas pessoas jurídicas e deve observar o limite previsto no inciso II do art. 6º da Lei nº 9.532, de 10 de dezembro de 1997; e (Incluído pela Lei nº 11.437, de 2006). II - a 6% (seis por cento) do imposto devido pelas pessoas físicas, conjuntamente com as deduções de que trata o art. 22 da Lei nº 9.532, de 10 de dezembro de 1997. (Incluído pela Lei nº 11.437, de 2006). § 2º. Somente são dedutíveis do imposto devido os valores despendidos a título de patrocínio: (Incluído pela Lei nº 11.437, de 2006). I - pela pessoa física no ano-calendário a que se referir a declaração de ajuste anual; e (Incluído pela Lei nº 11.437, de 2006). I - pela pessoa jurídica no respectivo período de apuração do imposto. (Incluído pela Lei nº 11.437, de 2006). § 3º. As pessoas jurídicas não poderão deduzir o valor do patrocínio de que trata o *caput* deste artigo para fins de determinação do lucro real e da base de cálculo da Contribuição Social sobre o Lucro Líquido – CSLL. (Incluído pela Lei nº 11.437, de 2006). § 4º. Os projetos específicos da área audiovisual, cinematográfica de difusão, preservação, exibição, distribuição e infraestrutura técnica apresentados por empresa brasileira poderão ser credenciados pela Ancine para fruição dos incentivos fiscais de que trata o *caput* deste artigo, na forma do regulamento. (Incluído pela Lei nº 11.437, de 2006). § 5º. Fica a Ancine autorizada a instituir programas especiais de fomento ao desenvolvimento da atividade audiovisual brasileira para fruição dos incentivos fiscais de que trata o *caput* deste artigo. (Incluído pela Lei nº 11.505, de 2007). § 6º. Os programas especiais de fomento destinar-se-ão a viabilizar projetos de distribuição, exibição, difusão e produção independente de obras audiovisuais brasileiras, escolhidos por meio de seleção pública, conforme normas expedidas pela Ancine. (Incluído pela Lei nº 11.505, de 2007). § 7º. Os recursos dos programas especiais de fomento e dos projetos específicos da área audiovisual de que tratam os §§ 4º e 5º deste artigo poderão ser aplicados por meio de valores reembolsáveis ou não reembolsáveis, conforme normas expedidas pela Ancine. (Incluído pela Lei nº 11.505, de 2007). § 8º. Os valores reembolsados na forma do § 7º deste artigo destinar-se-ão ao Fundo Nacional da Cultura e serão alocados em categoria de programação específica denominada Fundo Setorial do Audiovisual. (Incluído pela Lei nº 11.505, de 2007)".

de captação digital, cuja destinação e exibição seja prioritária e inicialmente o mercado de salas de exibição;

III - obra videofonográfica: obra audiovisual cuja matriz original de captação é um meio magnético com capacidade de armazenamento de informações que se traduzem em imagens em movimento, com ou sem som; [...]

A legislação própria do incentivo ao audiovisual trouxe inúmeros benefícios a esse ramo industrial; houve um aumento na quantidade de produções cinematográficas produzidas no Brasil, bem como a criação de uma agência reguladora – a Agência Nacional do Cinema (Ancine) –, que estabelece o regramento da atividade audiovisual no país.

A pessoa física optante pelo modelo completo de declaração do IR e a pessoa jurídica optante pelo lucro real serão as beneficiárias da dedução no imposto a pagar se cumprirem as regras prescritas para o incentivo às atividades audiovisuais.

Os contribuintes poderão se utilizar desse incentivo fiscal para, assim, deduzi-lo do imposto de renda até o exercício de 2016, ao investirem em obras registradas na Ancine. Atualmente, algumas das formas de incentivo previstas para incrementar a atividade audiovisual são as seguintes: investimento direto, patrocínio, cotas dos fundos de financiamento da indústria cinematográfica nacional (Funcines) e programas especiais de fomento.

Do ponto de vista tributário, é necessário fixar-se uma diferenciação entre *investimentos* e *patrocínio*, pois isso terá implicações na definição do benefício tributário pretendido e nos limites de sua atuação.

Investimentos

Nessa modalidade, como disposto no art. 1º da Lei nº 8.686/1993:

[...] os contribuintes poderão deduzir do imposto de renda devido as quantias referentes a investimentos feitos na produção de obras audiovisuais cinematográficas brasileiras de produção independente, mediante a aquisição de quotas representativas de direitos de comercialização sobre as referidas obras, desde que esses investimentos sejam realizados no mercado de capitais, em ativos previstos em lei e autorizados pela Comissão de Valores Mobiliários – CVM, e os projetos de produção tenham sido previamente aprovados pela Agência Nacional do Cinema – ANCINE. (Redação dada pela Lei nº 12.375, de 2010)

O mesmo se aplica a projetos específicos da área audiovisual de difusão, preservação, exibição, distribuição e infraestrutura técnica, apresentado por empresa brasileira, previamente aprovados pela Ancine.

A dedução está limitada a 1% do imposto devido pelas pessoas jurídicas, bem como a 3% do imposto devido pelas pessoas físicas: Esses valores, aplicados como investimentos, serão deduzidos do imposto devido, no mês a que se referirem os investimentos, para as pessoas jurídicas que apuram o lucro mensal. Já as pessoas jurídicas que optarem pelo recolhimento do imposto por estimativa, apurando o lucro real anual, assim com as pessoas físicas, deduzirão estas quantias dos seus impostos devidos na declaração de ajuste.

Concomitantemente, a pessoa jurídica tributada com base no lucro real poderá, também, abater o total dos investimentos efetuados como despesa operacional. É esse o entendimento da Solução de Consulta da Receita Federal nº 93, de 4 de abril de 2012, sobre os incentivos fiscais no âmbito da Lei nº 8.685/1963:

ASSUNTO: Contribuição Social sobre o Lucro Líquido – CSLL.
EMENTA: DOAÇÕES E PATROCÍNIOS. *As pessoas jurídicas tributadas com base no lucro real poderão deduzir como despesa*

operacional: (i) doações efetuadas a instituições de ensino e pesquisa cuja criação tenha sido autorizada por lei federal e desde que preencham os requisitos estabelecidos em Lei; (ii) doações feitas a entidades civis sem fins lucrativos que prestem serviços gratuitos em benefício dos empregados da pessoa doadora, ou da comunidade onde atuem, e que preencham os requisitos estabelecidos em lei; (iii) doações e patrocínios a programas de incentivo à cultura, realizados nos termos do artigo 26 da Lei nº 8.313, de 1991 (Lei Rouanet); (iv) *investimentos em programas de incentivo especificamente voltados à atividade cinematográfica, nos termos do artigo 1º da Lei nº 8.685, de 1993* [grifos nossos].

Os projetos específicos da área audiovisual, cinematográfica de exibição, distribuição e infraestrutura técnica, apresentados por empresa brasileira de capital nacional, poderão ser credenciados pelos ministérios da Fazenda e da Cultura para fruição dos incentivos fiscais.

Patrocínio

Nessa modalidade (patrocínio), como disposto no art. 1º-A da Lei nº 8.686/1993, os contribuintes, pessoas físicas e jurídicas, poderão deduzir do imposto de renda devido as quantias referentes ao patrocínio à produção de obras cinematográficas brasileiras de produção independente e projetos específicos da área audiovisual de difusão, preservação, exibição, distribuição e infraestrutura técnica, apresentado por empresa brasileira, todos previamente aprovados pela Ancine.

As pessoas físicas poderão deduzir até 6% do imposto de renda, apurado no modelo completo, em conjunto com a dedução das contribuições aos fundos da criança e adolescente, idoso, as destinadas a projetos culturais aprovados na forma regulamentada pelo Pronac e os investimentos a título de incentivo às atividades audiovisuais.

A dedução está limitada a 4% do imposto devido pelas pessoas jurídicas e deve ser observado esse limite em conjunto com as doações ou patrocínios feitos em benefício dos projetos culturais, previstos no art. 26 da Lei nº 8.313/1991, e com os investimentos feitos em projetos audiovisuais.

Disciplina a Lei nº 8.685/1993, em seu art. 1º-A, § 2º, com relação ao patrocínio, que somente serão dedutíveis do imposto devido, pela pessoa física, os valores devidos no ano-calendário a que se referir a declaração de ajuste anual; já para as pessoas jurídicas, no respectivo período de apuração do imposto.

As pessoas jurídicas não poderão excluir do lucro líquido contábil, para fins de determinação do lucro real e da base de cálculo da CSLL, o valor total do patrocínio, conforme exigência do art. 9º da Lei nº 11.437/2006.

Cotas dos Funcines

Os Funcines se caracterizam como fundos de financiamento da indústria cinematográfica nacional e serão constituídos na forma de condomínio fechado, sem personalidade jurídica, e administrados por instituição financeira autorizada a funcionar pelo Banco Central do Brasil (Bacen) ou por agências e bancos de desenvolvimento, tendo como objetivo o fomento das atividades audiovisuais nacionais, e seu patrimônio será representado por meio de vendas de suas cotas, devendo atender ao estabelecido pela Ancine.

Disciplina a MP nº 2.228-1/2001 que até o período de apuração relativo ao ano-calendário de 2016, inclusive, as pessoas físicas e jurídicas tributadas pelo lucro real poderão deduzir do imposto de renda devido as quantias aplicadas na aquisição de cotas dos Funcines.

No tocante às pessoas físicas, estas poderão deduzir até 6% de seu imposto de renda devido, estando incluídos nesse percentual outros incentivos federais. Quanto às pessoas jurídicas, estas têm a possibilidade de deduzir, em decorrência da aquisição de cotas dos Funcines, até 3% de seu imposto de renda devido.

Programas especiais de fomento

O Decreto nº 6.304/2007, que regulamenta a lei de incentivo às atividades audiovisuais, especialmente em seu art. 6º, disciplina os programas especiais de fomento que poderão ser instituídos pela Ancine visando ao desenvolvimento da atividade audiovisual brasileira para fruição da dedução do imposto sobre a renda pelo contribuinte.

Os recursos obtidos por tais programas serão destinados à distribuição, exibição, difusão e produção de audiovisuais brasileiros escolhidos por meio de seleção pública, consoante às normas expedidas pela Ancine.

A dedução, para as pessoas físicas, do imposto de renda devido, poderá ser de até 6%, compartilhado esse valor com demais incentivos fiscais.

No tocante às pessoas jurídicas, a dedução poderá ser de até 4% do imposto de renda devido, calculado sobre a alíquota de 15%, para as empresas que apuram pelo lucro real.

Incentivos tecnológicos – inovação tecnológica – "Lei do Bem"

A Lei nº 11.196/2005, regulamentada pelo Decreto nº 5.712/2006, pelo Decreto nº 5.798/2006 e pela IN RFB nº 1.187/11, instituiu benefícios fiscais para as empresas que realizam (1) inovação tecnológica e (2) pesquisa tecnológica.

Tal lei, conhecida como "Lei do Bem", criou a concessão de incentivos fiscais às pessoas jurídicas que realizam pesquisa e desenvolvimento de inovação tecnológica.

Para que a empresa possa obter os incentivos fiscais deverá cumprir certos pré-requisitos: possuir regime no lucro real; ter lucro fiscal; regularidade fiscal; investir em pesquisa e desenvolvimento.

De acordo com o art. 2º do Decreto nº 5.798/2006, considera-se inovação tecnológica

> a concepção de novo produto ou processo de fabricação, bem como a agregação de novas funcionalidades ou características ao produto ou processo que implique melhorias incrementais e efetivo ganho de qualidade ou produtividade, resultando maior competitividade no mercado.

Ainda, segundo o referido artigo, o conceito de pesquisa tecnológica está ligado à realização de atividades voltadas ao estudo de novos fenômenos para a aquisição de conhecimentos que possam ser aplicados no desenvolvimento de novos produtos e processos industriais.

Conforme o disposto no art. 17, II a VI, da Lei nº 11.196/2005, os principais benefícios fiscais, oferecidos a tais empresas, são:

> II - redução de 50% (cinquenta por cento) do Imposto sobre Produtos Industrializados – IPI incidente sobre equipamentos, máquinas, aparelhos e instrumentos, bem como os acessórios sobressalentes e ferramentas que acompanhem esses bens, destinados à pesquisa e ao desenvolvimento tecnológico;
> III - depreciação integral, no próprio ano da aquisição, de máquinas, equipamentos, aparelhos e instrumentos, novos, destinados à utilização nas atividades de pesquisa tecnológica e desenvol-

vimento de inovação tecnológica, para efeito de apuração do IRPJ e da CSLL; (Redação dada pela Lei nº 11.774, de 2008)
IV - amortização acelerada, mediante dedução como custo ou despesa operacional, no período de apuração em que forem efetuados, dos dispêndios relativos à aquisição de bens intangíveis, vinculados exclusivamente às atividades de pesquisa tecnológica e desenvolvimento de inovação tecnológica, classificáveis no ativo diferido do beneficiário, para efeito de apuração do IRPJ;
V - [...] (Revogado pela Lei nº 12.350, de 2010)
VI - redução a 0 (zero) da alíquota do imposto de renda retido na fonte nas remessas efetuadas para o exterior destinadas ao registro e manutenção de marcas, patentes e cultivares.

Caso entenda que se enquadra nas hipóteses de concessão, cabe ao contribuinte adequar o recolhimento dos tributos e a escrituração contábil aos benefícios usufruídos.

Entretanto, as empresas que gozarem dos benefícios deverão prestar informações anuais ao Ministério da Ciência, Tecnologia e Inovação, entre elas algumas de relevante grau de confidencialidade, tais como:

1) receita líquida da empresa no ano-base anterior;
2) descrição das atividades de pesquisa, do principal produto ou processo e dos elementos inovadores;
3) descrição da experiência da empresa em pesquisa e informações sobre seu centro tecnológico e outras estruturas voltadas para a capacitação tecnológica;
4) descrição pormenorizada dos dispêndios com os programas de inovação e pesquisa tecnológica;
5) indicação pormenorizada de todos os benefícios fiscais auferidos no exercício anterior.

Assim, com base nas informações prestadas, o MCTI apura se a empresa realiza ou não atividades de inovação e pesquisa tecnológica, ficando tal informação à disposição da Receita Federal.

Caso o MCTI considere que a empresa não realiza as atividades científicas descritas na lei, o contribuinte ficará sujeito ao pagamento dos tributos que deixaram de ser recolhidos, acrescidos das verbas moratórias e punitivas.

Os programas de desenvolvimento tecnológico industrial (PDTI), os programas de desenvolvimento tecnológico agropecuário (PDTA) e os projetos aprovados até 31 de dezembro de 2005 continuam regidos pela legislação em vigor na data da publicação da Lei nº 11.196/2005.

Incentivos tecnológicos – Padis (semicondutores)

A Lei nº 11.484/2007 instituiu o Programa de Apoio ao Desenvolvimento Tecnológico da Indústria de Semicondutores (Padis), com o objetivo de fomentar a instalação no país de empresas que exerçam as atividades de concepção, desenvolvimento, projetos e fabricação de dispositivos eletrônicos semicondutores e de mostradores de informações (*displays*).

Observa-se que o objetivo de tais incentivos se apresenta na proteção das indústrias de equipamentos para a TV digital e de seus componentes eletrônicos semicondutores.

Como disposto na Lei nº 11.484/2007, art. 2º, será beneficiária do Padis a pessoa jurídica que utilize investimentos em pesquisa e desenvolvimento, devendo investir no mínimo 5% de seu faturamento bruto no mercado interno, em relação aos seguintes segmentos:

I - dispositivos eletrônicos semicondutores classificados nas posições 85.41 e 85.42 da Nomenclatura Comum do Mercosul – NCM, as atividades de:

a) concepção, desenvolvimento e projeto (design);
b) difusão ou processamento físico-químico; ou
c) corte, encapsulamento e teste;
II - mostradores de informação (displays) de que trata o § 2º deste artigo, as atividades de:
a) concepção, desenvolvimento e projeto (design);
b) fabricação dos elementos fotossensíveis, foto ou eletroluminescentes e emissores de luz; ou
c) montagem final do mostrador e testes elétricos e ópticos.

III - insumos e equipamentos dedicados e destinados à fabricação dos produtos descritos nos incisos I e II do *caput*, relacionados em ato do Poder Executivo e fabricados conforme Processo Produtivo Básico estabelecido pelos Ministérios do Desenvolvimento, Indústria e Comércio Exterior e da Ciência, Tecnologia e Inovação.

Desse modo, nas vendas realizadas nos segmentos acima citados, por pessoa jurídica beneficiária do Padis, ficam reduzidas (Lei nº 11.484/2007, art. 4º):

I - a 0 (zero) as alíquotas da Contribuição para o PIS/Pasep e da Cofins incidentes sobre as receitas auferidas;
II - a 0 (zero) as alíquotas do IPI incidentes sobre a saída do estabelecimento industrial; e
III - em 100% (cem por cento) as alíquotas do imposto de renda e adicional incidentes sobre o lucro da exploração.

No tocante ao valor do imposto de renda e do adicional que deixarem de ser pagos em virtude de redução, não poderá este ser distribuído aos sócios e constituirá reserva de capital da pessoa jurídica, podendo apenas ser utilizado para absorção de prejuízos ou aumento do capital social.

Nos termos do art. 6º da Lei nº 11.484/2007, poderá ser beneficiária do Padis a pessoa jurídica que realize, no país, anualmente, investimento mínimo de 5% de seu faturamento bruto no mercado interno, em pesquisa e desenvolvimento.

O art. 2º da mesma lei estabelece que será beneficiária a pessoa jurídica, que exerça isoladamente, ou em conjunto, investimento em pesquisa e desenvolvimento, nos segmentos acima mencionados. Considerar-se-á que a pessoa jurídica exerce suas atividades isoladamente quando executar todas as etapas previstas na alínea em que se enquadra, e em conjunto quando executar todas as atividades previstas no inciso em que se enquadra.

A pessoa jurídica beneficiária do Padis deverá exercer, exclusivamente, as atividades acima indicadas.

Ainda, quanto aos benefícios aproveitados pelas pessoas jurídicas na esfera do Padis, no caso de venda no mercado interno ou de importação de máquinas, aparelhos, instrumentos e equipamentos, para incorporação ao ativo imobilizado da pessoa jurídica adquirente no mercado interno ou importadora, destinados às atividades acima previstas, ocorrerá a redução a zero das seguintes alíquotas (Lei nº 11.484/2007, art. 3º):

> I - da Contribuição para o Programa de Integração Social e de Formação do Patrimônio do Servidor Público – PIS/PASEP e da Contribuição para o Financiamento da Seguridade Social – COFINS incidentes sobre a receita da pessoa jurídica vendedora quando a aquisição for efetuada por pessoa jurídica beneficiária do Padis;
> II - da Contribuição para o PIS/Pasep-Importação e da Cofins-Importação quando a importação for efetuada por pessoa jurídica beneficiária do Padis; e
> III - do Imposto sobre Produtos Industrializados – IPI, incidente na importação ou na saída do estabelecimento industrial ou

equiparado quando a importação ou a aquisição no mercado interno for efetuada por pessoa jurídica beneficiária do Padis.

Salienta-se que, conforme a lei, equipara-se ao importador a pessoa jurídica adquirente de bens estrangeiros, no caso de importação realizada por sua conta e ordem por intermédio de pessoa jurídica importadora.

Conforme mencionado, as pessoas jurídicas beneficiárias do Padis terão, além do benefício para o IRPJ e adicional, outros benefícios relacionados a PIS, Cofins, IPI, Cide e imposto de importação (II), uma vez que, quanto ao imposto de importação, sua alíquota poderá ser reduzida a zero, conforme ato do Poder Executivo, nas condições por este estipulado, incidente sobre máquinas, aparelhos, instrumentos, equipamentos, ferramentas computacionais (software) para incorporação ao seu ativo imobilizado, e insumos importados por pessoa jurídica beneficiária do Padis, desde que destinados às atividades nos segmentos acima citados.

Quanto à alíquota da Cide, ressalta-se que esta ficará reduzida a zero (§ 3º do art. 3º da Lei nº 11.484/2007)

> quando destinada a financiar o Programa de Estímulo à Interação Universidade-Empresa para o Apoio à Inovação, de que trata o art. 2º da Lei nº 10.168, de 29 de dezembro de 2000, nas remessas destinadas ao exterior para pagamento de contratos relativos à exploração de patentes ou de uso de marcas e os de fornecimento de tecnologia e prestação de assistência técnica, quando efetuadas por pessoa jurídica beneficiária do Padis e vinculadas às atividades [...] [mencionadas acima, que realize investimento em pesquisa e desenvolvimento nos seguimentos supracitados].

É importante salientar que apenas a pessoa jurídica previamente habilitada pela Secretaria da Receita Federal do Brasil poderá ser beneficiária do Padis, e apenas a pessoa jurídica que realize os investimentos em pesquisa e desenvolvimento previstos naqueles segmentos acima citados poderá habilitar-se. Os projetos deverão ser aprovados em portaria conjunta dos ministros de Estado da Ciência, Tecnologia e Inovação e do Desenvolvimento, Indústria e Comércio Exterior, e essa aprovação fica condicionada aos seguintes requisitos (Decreto nº 6.233/2007, art. 7º, § 1º):

> I - comprovação de regularidade fiscal, da pessoa jurídica interessada, em relação aos tributos e contribuições administrados pela Secretaria da Receita Federal do Brasil;
> II - observância das instruções fixadas em portaria conjunta dos Ministros de Estado da Ciência, Tecnologia e Inovação e do Desenvolvimento, Indústria e Comércio Exterior; e
> III - verificação prévia pela Secretaria da Receita Federal do Brasil, nos termos e condições a serem estabelecidos em ato próprio, do enquadramento aos Anexos deste Decreto [nº 6.233/2007[45]] dos bens apresentados pela pessoa jurídica habilitada.

Observa-se, ainda, que o Decreto nº 6.233/2007 dispõe que os projetos só poderão ser apresentados para aprovação até 31 de maio de 2015.

Doações e patrocínios – Lei Rouanet – Pronac

Os incentivos fiscais, previstos na Lei nº 8.313/1991, conhecida como Lei Rouanet, visam captar investimentos para projetos de cunho cultural, objetivando promover a cultura brasileira.

---
[45] Conforme a redação dada pelo Decreto nº 8.247/2014.

As doações ou patrocínios no âmbito dos incentivos fiscais, para os projetos culturais, somente se darão se os aludidos projetos tiverem sido aprovados pelo Ministério da Cultura. O proponente do projeto apresentará uma proposta cultural ao Ministério da Cultura (Minc) e, obtendo aprovação, poderá captar recursos junto a pessoas físicas e pessoas jurídicas tributadas pelo lucro real, que poderão deduzir a quantia paga de seu imposto de renda para auxiliar na execução do projeto.

Quanto à criação do Programa Nacional de Apoio à Cultura (Pronac), sua implementação se dará mediante os seguintes mecanismos: Fundo Nacional de Cultura (FNC), Fundo de Investimento Cultural e Artístico e incentivos a projetos culturais. Deve encaminhar recursos ao setor, visando (art. 1º da Lei nº 8.313/1991):

> I - contribuir para facilitar, a todos, os meios para o livre acesso às fontes da cultura e o pleno exercício dos direitos culturais;
> II - promover e estimular a regionalização da produção cultural e artística brasileira, com valorização de recursos humanos e conteúdos locais;
> III - apoiar, valorizar e difundir o conjunto das manifestações culturais e seus respectivos criadores;
> IV - proteger as expressões culturais dos grupos formadores da sociedade brasileira e responsáveis pelo pluralismo da cultura nacional;
> V - salvaguardar a sobrevivência e o florescimento dos modos de criar, fazer e viver da sociedade brasileira;
> VI - preservar os bens materiais e imateriais do patrimônio cultural e histórico brasileiro;
> VII - desenvolver a consciência internacional e o respeito aos valores culturais de outros povos ou nações;
> VIII - estimular a produção e difusão de bens culturais de valor universal, formadores e informadores de conhecimento, cultura e memória;

IX - priorizar o produto cultural originário do País.

As pessoas jurídicas tributadas com base no lucro real poderão deduzir diretamente do imposto de renda devido, respeitado o limite de 4%, sob a alíquota de 15%, a importância correspondente a:

1) 40% das doações e 30% dos patrocínios, realizados no período de apuração do imposto, em favor de projetos culturais aprovados pelo Ministério da Cultura, previsto no art. 26 da Lei nº 8.313/1991, quais sejam, os projetos culturais aprovados na forma da regulamentação do Programa Nacional de Apoio à Cultura (Pronac);

2) 100% do valor das doações e patrocínios realizados no período de apuração do imposto, em favor de projetos culturais específicos, previstos no art. 18 da Lei Rouanet, aprovados pelo Ministério da Cultura, que atenderem os seguintes segmentos (art. 18, § 3º, da Lei nº 8.313/1991):

a) artes cênicas;
b) livros de valor artístico, literário ou humanístico;
c) música erudita ou instrumental;
d) exposições de artes visuais;
e) doações de acervos para bibliotecas públicas, museus, arquivos públicos e cinematecas, bem assim treinamento de pessoal e aquisição de equipamentos para a manutenção desses acervos;
f) produção de obras cinematográficas e videofonográficas de curta e média metragem e preservação e difusão do acervo audiovisual;
g) preservação do patrimônio cultural material e imaterial;
h) construção e manutenção de salas de cinema e teatro, que poderão funcionar também como centros culturais comunitários, em Municípios com menos de 100.000 (cem mil) habitantes.

As pessoas físicas poderão deduzir de seu imposto de renda quando investirem nos projetos especiais previstos no art. 18 da referida lei, até 100% dos valores aplicados, desde que observem o limite de 6% do imposto de renda devido.

Quanto aos projetos culturais gerais, aprovados pelo Ministério da Cultura, previstos no art. 26, a pessoa física terá dedutibilidade de 80% das doações e 60% dos patrocínios, devendo respeitar o limite de 6% do imposto de renda devido.

Nessa *hipótese de segmentos específicos, nos projetos especiais previstos no art. 18 da Lei Rouanet, a despesa será considerada indedutível* na apuração do lucro real, pois dispõe o § 2º do art. 18, que "as pessoas jurídicas tributadas com base no lucro real não poderão deduzir o valor da doação ou do patrocínio referido no parágrafo anterior como despesa operacional", tendo o Carf entendido, por unanimidade, que essa indedutibilidade das despesas com patrocínios a projetos culturais no âmbito do Pronac, prevista pelo art. 18, não se estende à determinação da base de cálculo da CSLL. Hiromi Higuchi, ao citar tal decisão, em sua obra *Imposto de renda das empresas*, entendeu ser a mesma

> equivocada porque quando a lei dispõe que as pessoas jurídicas tributadas com base no lucro real não poderão deduzir o valor da doação ou do patrocínio como despesa operacional está dizendo que a despesa não é necessária à atividade e à manutenção da fonte produtora de receitas. Se a despesa não é necessária, a indedutibilidade aplica-se para o IRPJ e a CSLL.[46]

Para os demais casos, sem prejuízo do aproveitamento da dedução diretamente do imposto devido, a parcela não utilizada das doações e patrocínios poderá ser deduzida do lucro líquido.

---

[46] HIGUCHI, Hiromi. *Imposto de renda das empresas*: interpretação e prática. 38. ed. São Paulo: IR, 2013. p. 41.

Hiromi Higuchi, em sua obra *Imposto de renda das empresas*, afirma:

> Não há vantagem financeira nas doações ou patrocínios com base no art. 18 ou 26. Com base no art. 18, se o valor da doação for inteiramente deduzido do IRPJ à alíquota de 15%, o valor da doação indedutível será igual ao valor da dedução do imposto, não tendo vantagem ou desvantagem financeira. Na doação com base no art. 26 sempre há desvantagem financeira, ainda que os 40% da doação sejam inteiramente deduzidos do IRPJ à alíquota de 15%. A despesa sendo dedutível economiza 34% de IRPJ e CSLL mais 40% da dedução do imposto, totalizando 74% do valor da doação.[47]

Para efeitos de aproveitamento do benefício consideram-se:

1) *doações* (art. 24 da Lei nº 8.313/1991):

> I - distribuições gratuitas de ingressos para eventos de caráter artístico-cultural por pessoa jurídica a seus empregados e dependentes legais;
> II - despesas efetuadas por pessoas físicas ou jurídicas com o objetivo de conservar, preservar ou restaurar bens de sua propriedade ou sob sua posse legítima, tombados pelo Governo Federal, desde que atendidas as seguintes disposições:
> a) preliminar definição, pelo Instituto Brasileiro do Patrimônio Cultural – IBPC, das normas e critérios técnicos que deverão reger os projetos e orçamentos de que trata este inciso;
> b) aprovação prévia, pelo IBPC, dos projetos e respectivos orçamentos de execução das obras;

---

[47] Ibid., p. 41.

c) posterior certificação, pelo referido órgão, das despesas efetivamente realizadas e das circunstâncias de terem sido as obras executadas de acordo com os projetos aprovados.

2) *patrocínios* (art. 23 da Lei nº 8.313/1991):

a transferência de numerário, com finalidade promocional ou a cobertura, pelo contribuinte do imposto sobre a renda e proventos de qualquer natureza, de gastos, ou a utilização de bem móvel ou imóvel do seu patrimônio, sem a transferência de domínio, para a realização, por outra pessoa física ou jurídica de atividade cultural com ou sem finalidade lucrativa prevista no art. 3º desta lei.

O julgado a seguir, que se refere aos incentivos fiscais dedutíveis do IR, previstos na Lei Rouanet, veicula situação interessante, em que determinada marca patrocinou um projeto teatral que nunca aconteceu. Posto isso, a referida empresa propôs ação de rescisão contratual c/c devolução do valor pago a título de incentivo. A sentença do juiz de primeiro grau rescindiu o contrato, mas condenou o réu a apenas restituir a metade do valor pago pela parte autora, a título de incentivo. A autora apelou da decisão, o que gerou o seguinte acórdão do Tribunal de Justiça de São Paulo, conforme vemos a seguir:

RESCISÃO CONTRATUAL C. C. DEVOLUÇÃO DO VALOR PAGO. Contrato de Co-Patrocínio referente a espetáculo teatral com os benefícios da Lei Rouanet. Não cumprimento do cronograma que enseja a resolução do contrato – A chamada Lei Rouanet (Lei nº 8.313/91), regulamentada pelo Decreto nº 5.761/06, instituiu mecanismos de incentivos fiscais, de forma a obter o apoio da iniciativa privada, para o fomento da cultura – O apoio financeiro a um projeto cultural, a título de doação ou patrocínio, pode ser deduzido, por pessoas físicas ou jurídicas, total ou parcialmente, do Imposto sobre a Renda, conforme os arts. 18 e 26 da Lei nº 8.313/91 – Há renúncia fiscal por parte da União que abre mão de parte dos impostos em prol de investimentos em projetos culturais – Ilegitimidade ativa ad causam do patrocinador para reaver a importância que abateu – Desnecessidade da expedição de ofício à Receita Federal – Condenação ao ressarcimento afastada – Recurso da autora desprovido e conhecido e provido em parte o agravo retido, negando-se no mais provimento ao apelo do réu.[48]

Em sede recursal, o TJSP decidiu pela ilegitimidade ativa da empresa patrocinadora de reaver a importância oferecida ao projeto a título de patrocínio, pois entendeu a referida Câmara, que como a autora (empresa patrocinadora) recebeu o recibo referente ao incentivo, cabe a ela provar que não se beneficiou da Lei Rouanet e recolheu o imposto, sendo, nesse caso, a União eventual prejudicada financeiramente pela não ocorrência do projeto, visto que é ela que renuncia aos tributos em decorrência do incentivo oferecido pela pessoa física ou jurídica.

Também no tocante à Lei nº 8.313/1991, a Solução de Consulta nº 92 da Receita Federal disciplina sobre as empresas optantes pelo Simples Nacional, e se estas podem ou não beneficiar-se dos referidos incentivos fiscais dedutíveis do imposto de renda:

> EMENTA: INCENTIVO FISCAL. PATROCÍNIO. BASE DE CÁLCULO. RECEITA BRUTA. O patrocínio, quando efetuado

---

[48] SÃO PAULO (Estado). Tribunal de Justiça. Apelação nº 9177148-30.2009.8.26.0000. Relator: Alcides Leopoldo e Silva Júnior. Primeira Câmara de Direito Privado. Julgamento em 27 de maio de 2014. *DJe*, 28 maio 2014.

nos termos da Lei nº 8.313, de 1991, caracteriza-se como incentivo fiscal, por excluir parcela do crédito tributário relativo ao imposto sobre a renda e visar a estimular o setor cultural. As microempresas e as empresas de pequeno porte optantes pelo Simples Nacional não poderão se beneficiar de valores utilizados ou destinados a título de incentivos fiscais, inclusive mediante patrocínio, tais valores, se utilizados ou destinados, deverão compor a base de cálculo, sendo tributados e recolhidos aos cofres públicos, nos termos da legislação em vigor.[49]

Doações aos fundos dos direitos da criança e do adolescente e do idoso

A Lei nº 8.069/1990 prevê as doações aos fundos que foram instituídos para beneficiar crianças e adolescentes e se caracterizam por valores investidos pelas pessoas físicas e jurídicas, que posteriormente poderão deduzi-los do imposto de renda.

Tais fundos poderão ser nacional, estaduais, distrital e municipais, e têm como objetivo assegurar a crianças e adolescentes o direito à vida, à educação, ao respeito, entre outros elementos que se fazem importantes para seu desenvolvimento saudável.

As doações realizadas pelas pessoas jurídicas tributadas com base no lucro real aos fundos dos direitos da criança e do adolescente, sejam eles nacional, estaduais, distrital ou municipais, desde que devidamente comprovadas, poderão ser deduzidas diretamente do imposto de renda devido (excluído o adicional), respeitado o limite máximo de 1% cal-

---

[49] BRASIL. Ministério da Fazenda. Secretaria da Receita Federal do Brasil. Superintendências Regionais. Sétima Região Fiscal. Divisão de Tributação. Solução de Consulta nº 92, de 29 de agosto de 2013. *DOU*, 12 set. 2013.

culado sob a alíquota de 15%, sem a inclusão do adicional, bem como as pessoas físicas poderão deduzir integralmente do imposto de renda, obedecido o limite de 6% do IRPF, os incentivos fiscais efetuados aos fundos dos direitos da criança e do adolescente, lembrando que esse percentual de 6% se caracteriza como o limite global, conjuntamente com os incentivos à Lei Rouanet, lei dos incentivos ao audiovisual, ao idoso e ao desporto.

Como disposto na Lei nº 8.069/1990:

> Art. 260-D. Os órgãos responsáveis pela administração das contas dos Fundos dos Direitos da Criança e do Adolescente nacional, estaduais, distrital e municipais devem emitir recibo em favor do doador, assinado por pessoa competente e pelo presidente do Conselho correspondente, especificando:
> I - número de ordem;
> II - nome, Cadastro Nacional da Pessoa Jurídica (CNPJ) e endereço do emitente;
> III - nome, CNPJ ou Cadastro de Pessoas Físicas (CPF) do doador;
> IV - data da doação e valor efetivamente recebido; e
> V - ano-calendário a que se refere a doação.

Para fins de comprovação, a pessoa jurídica deverá registrar em sua escrituração os valores doados, mantendo a documentação correspondente.

É importante ressaltar que a despesa com doação não será dedutível como despesa operacional, para fins de apuração do lucro real.

A partir de 2012, o limite global de 1%, para ambos os fundos (criança e idoso), anteriormente existente, passou a ser individual, na medida em que o fundo do idoso passou a ter seu limite individual de dedução, o que anteriormente não ocorria. A doação ao fundo da criança e do adolescente, em conjunto com a doação ao fundo do idoso, submetia-se ao limite global de 1% do imposto devido, pois, conforme se observa, a Lei nº 8.069/1990 passou por alterações e trouxe a previsão de que a dedução de 1% permitida para as pessoas jurídicas será considerada isoladamente, não se submetendo a limite em conjunto com outras deduções do imposto.

Já o Fundo Nacional do Idoso, instituído pela Lei nº 12.213/2010, é destinado a financiar os programas e as ações relativas ao idoso com vistas a assegurar seus direitos sociais e a criar condições para promover sua autonomia, integração e participação efetiva na sociedade. A lei dispõe que a pessoa jurídica poderá deduzir do imposto de renda devido, em cada período de apuração, o total das doações feitas ao fundo nacional, estadual ou municipal do idoso, devidamente comprovadas, sendo vedada a dedução como despesa operacional, não podendo ultrapassar o limite de 1% do imposto devido. No tocante ao contribuinte pessoa física, a dedução respeitará o limite máximo de 6% do imposto a pagar.

Sendo assim, a pessoa jurídica poderá deduzir do imposto de renda devido, em cada período de apuração, o total das doações feitas aos fundos nacional, estaduais ou municipais do idoso, devidamente comprovadas, salientando-se que é vedada a dedução como despesa operacional.

Sudam e Sudene

As pessoas jurídicas que tiverem projetos nas áreas da Superintendência de Desenvolvimento da Amazônia (Sudam) e Superintendência de Desenvolvimento do Nordeste (Sudene), aprovados para instalação, ampliação, modernização ou diversificação enquadrados em setores da economia considerados prioritários para o desenvolvimento regional, em microrregiões menos desenvolvidas localizadas nas áreas de atuação da Sudene e Sudam, *terão redução do imposto de renda e adicionais* não restituíveis, incidentes sobre o lucro da exploração do empreendimento, conforme Lei nº 11.196/2005.

Os benefícios fiscais concedidos às pessoas jurídicas estabelecidas nas regiões da Sudam e Sudene permitem a redução do imposto de renda e adicional incidente sobre o lucro de exploração para os seguintes projetos (MP nº 2.199-14/2001):

1) novos empreendimentos (por 10 anos, a partir da aprovação do projeto);
2) projetos de instalação, modernização, ampliação ou diversificação, enquadrados como prioritários para o desenvolvimento regional, nas áreas de atuação da Sudam e da Sudene (que terão 10 anos como prazo de fruição do benefício, contados a partir do ano-calendário de início de sua fruição);
3) empreendimentos econômicos de interesse para o desenvolvimento da região (protocolizados e aprovados até 31 de dezembro de 2018).

Em qualquer dessas modalidades de benefício, os projetos precisam ser aprovados previamente por ato do Poder Executivo (Ministério da Indústria) e posteriormente submetidos à Receita Federal do Brasil para início da fruição.

Os projetos (1) *de novos empreendimentos* e (2) *de modernização, ampliação ou diversificação* protocolizados e aprovados após 24 de agosto de 2005 até 31 de dezembro de 2018 terão direito à redução de 75% *do imposto de renda, inclusive adicional*, pelo prazo de 10 anos, calculado com base no lucro da exploração (na hipótese dos projetos de modernização, sobre a parcela dos resultados adicionais por eles criados). As pessoas jurídicas que possuam esses projetos também terão direito à depreciação acelerada incentivada, para efeito de cálculo do imposto sobre a renda, e ao desconto, no prazo de 12 meses contado da aquisição, dos créditos da contribuição para o PIS/Pasep e da Cofins de que tratam o inciso III do § 1º do art. 3º da Lei nº 10.637/2002, o inciso III do § 1º do art. 3º da Lei nº 10.833/2003 e o § 4º do art. 15 da Lei nº 10.865/2004, na hipótese de aquisição de máquinas, aparelhos, instrumentos e equipamentos novos, relacionados em regulamento, destinados à incorporação ao seu ativo imobilizado.

Dispõe a MP nº 2.199-14/2001, em seu art. 1º, que as pessoas jurídicas fabricantes de máquinas, equipamentos, instrumentos e dispositivos, baseados em tecnologia digital, voltados para o programa de inclusão digital com projeto aprovado, que vise novo empreendimento de modernização, ampliação ou diversificação, protocolizados até 31 de dezembro de 2018, *terão direito à isenção do imposto sobre a renda e do adicional,* calculados com base no lucro da exploração.

Decidiu a delegacia da Receita Federal de Salvador, em sua Primeira Turma, no Acórdão nº 15-26676, de 31 de março de 2011:

> *ASSUNTO*: Imposto sobre a Renda de Pessoa Jurídica – IRPJ.
> *EMENTA: INCENTIVOS FISCAIS. EMPREENDIMENTOS NA ÁREA DE ATUAÇÃO DA SUDENE. RECONHECIMENTO PELA RECEITA FEDERAL. As pessoas Jurídicas que tenham projeto aprovado para instalação, ampliação, modernização ou diversificação, enquadrado em setores da economia considerados, em ato do Poder Executivo, prioritários para o desenvolvimento regional, nas áreas de atuação da extinta Superintendência de Desenvolvimento do Nordeste – SUDENE, terão direito à redução de setenta e cinco por cento do imposto sobre a renda e adicionais não restituíveis, calculados com base no lucro da exploração, desde*

que tal benefício seja formalmente reconhecido pela Receita Federal do Brasil. AUSÊNCIA DE CONFISSÃO EM DCTF. LANÇAMENTO. RECOLHIMENTO ESPONTÂNEO. Na ausência da confissão em DCTF do imposto devido, é cabível a realização do lançamento para a constituição do correspondente crédito tributário, ainda que tenha ocorrido o recolhimento espontâneo, não persistindo, no entanto, a cobrança dos encargos legais aplicados. ESTIMATIVA. FALTA DE PAGAMENTO. MULTA. *Configurada a falta do pagamento de estimativa do IRPJ, verifica-se cabível a aplicação isolada da multa de ofício no percentual de 50% calculada sobre o valor da estimativa que deixou de ser recolhida.* Ano-calendário: 01/01/2005 a 31/12/2005, 01/01/2006 a 31/12/2006.[50]

Em relação à Sudam, para que tenha o benefício do incentivo, o empreendimento deverá ser habilitado. Para isso, a unidade produtora deve localizar-se e funcionar na Amazônia Legal, ter como atividade do empreendimento as definidas como prioritárias consoante o Decreto nº 4.212/2002 e, por fim, o empreendimento deverá produzir com utilização superior a 20% da capacidade real instalada no empreendimento.

Quanto à Sudene, observa-se que para a empresa aproveitar o benefício deverá ter a unidade produtora localizada na área da Sudene, bem como a pessoa jurídica deverá ser optante da tributação pelo lucro real e suas atividades deverão pertencer às consideradas prioritárias pelo Decreto nº 4.213/2002.

No âmbito do Poder Judiciário, algumas discussões mais antigas acerca da aplicação do benefício para empresas sediadas na região da Sudene foram julgadas pelo Superior Tribunal de Justiça, especialmente quanto à aplicabilidade do benefício

---

[50] BRASIL. Ministério da Fazenda. Secretaria da Receita Federal. Delegacia da Receita Federal de Julgamento em Salvador. Primeira Turma. Acórdão nº 15-26676, de 31 de março de 2011, grifos nossos.

também para a parcela do adicional do IRPJ, tema atualmente superado pela alteração da legislação, que permite o aproveitamento também para o adicional. Como exemplo, temos o REsp nº 653.582/RN:[51]

> TRIBUTÁRIO – IMPOSTO DE RENDA – REDUÇÃO PARA REINVESTIMENTO NA ÁREA DA SUDENE – BASE DE CÁLCULO – ADICIONAL DE IRPJ – IMPOSSIBILIDADE.
> Segundo a jurisprudência desta Corte, os benefícios fiscais devem ser interpretados restritivamente e, por isso, o Adicional do Imposto de Renda Pessoa Jurídica não integra o benefício previsto no artigo 449 do RIR/80 (Decreto nº 85.450/80). Recurso especial provido.

Também no âmbito do Superior Tribunal de Justiça, foi apreciado o pleito de um contribuinte que pretendia estender o benefício da Sudene para a CSLL, sendo julgado improcedente, no âmbito do REsp nº 1.031.002/PE:[52]

> TRIBUTÁRIO – SOCIEDADE COMERCIAL ATUANTE NA ÁREA DA SUDENE – ISENÇÃO DO IRPJ – PRETENDIDA EXTENSÃO DA ISENÇÃO À CONTRIBUIÇÃO SOCIAL SOBRE O LUCRO – IMPOSSIBILIDADE – AUSÊNCIA DE PREVISÃO LEGAL – DESTINAÇÃO ORÇAMENTÁRIA DISTINTA – PRINCÍPIOS DA LEGALIDADE E DA TIPICIDADE TRIBUTÁRIA – PRECEDENTE DA PRIMEIRA TURMA.
> 1. A Lei n. 7.689/1988 instituiu a compulsoriedade do recolhimento da Contribuição Social sobre o Lucro – CSSL e,

---

[51] BRASIL. Superior Tribunal de Justiça. REsp nº 653.582/RN. Relator: ministro Humberto Martins. Julgamento em 17 de abril de 2008. *DJe*, 5 maio 2008.
[52] BRASIL. Superior Tribunal de Justiça. REsp nº 1.031.002/PE. Relator: ministro Humberto Martins. Julgamento em 8 de abril de 2008. *DJe*, 17 abr. 2008.

inexistindo lei que outorgue a sua isenção, esta é devida, por ser tributo autônomo em relação ao Imposto de Renda Pessoa Jurídica – IRPJ. Precedente da Primeira Turma. Recurso especial improvido.

Situação interessante no âmbito dos incentivos fiscais de isenção e redução do imposto sobre o lucro das pessoas jurídicas, existentes nas áreas da Sudam e Sudene, consiste no fato de inúmeras empresas possuírem dúvidas quando da produção das mercadorias nas duas áreas beneficiadas pelo incentivo, mas vendidas pelas filiais localizadas fora das áreas de isenção ou redução do imposto.

Diante disso, várias soluções de consulta da Receita Federal têm sido publicadas, como a Solução de Consulta nº 8 da Segunda Região Fiscal (RF), que dispõe:

> A isenção do imposto de renda prevista na legislação vigente beneficia apenas os estabelecimentos instalados na área da SUDAM, devendo ser apurados separadamente os resultados das filiais localizadas fora da zona de liberalidade, valendo observar, ademais, que a transferência de produtos de um estabelecimento para outro da mesma empresa, não caracterizando compra e venda, ensejará a atribuição de valor comercial aos mesmos, com base na legislação do IPI, através da integração da norma tributária.[53]

Sobre o mesmo assunto, discorre a Solução de Consulta nº 89 da Oitava RF:

> A isenção ou redução do imposto sobre a renda aplicada ao lucro da exploração na área da SUDENE beneficia tão somente

---

[53] BRASIL. Ministério da Fazenda. Secretaria da Receita Federal. Solução de Consulta nº 8, de 11 de maio de 1998, *DOU*, 5 jun. 1998.

os estabelecimentos nessa área instalados e é calculada sobre o efetivo lucro da exploração correspondente. Uma vez que a transferência de produtos de um estabelecimento para outro, da mesma empresa, não caracteriza uma operação de compra e venda, é admitido socorrer-se da integração da norma tributária, de sorte a viabilizar o incentivo concedido.[54]

Hiromi Higuchi, ao tecer comentários sobre as supracitadas soluções de consulta, estabelece:

> As soluções de consultas, ao afirmarem que a transferência de produtos de um estabelecimento para outro da mesma empresa, não caracterizando compra e venda, ensejará a atribuição de valor comercial aos mesmos, com base na legislação do IPI, através da integração da norma tributária, dão a entender que o valor da transferência para a filial será computado como receita da matriz na determinação da base de cálculo da isenção ou redução do imposto. A última ementa transcrita dá ênfase a esse entendimento ao dizer: "de sorte a viabilizar o incentivo concedido".[55]

E continua o autor:

> Não encontra qualquer base legal a pretensão de considerar o valor da transferência de produto da matriz para filial na determinação do benefício fiscal de isenção e redução do imposto. Esse benefício fiscal é calculado com base no lucro da exploração. O art. 544 do RIR/99 dispõe que se considera lucro da exploração o lucro líquido do período da apuração, antes de deduzida a provisão para o imposto de renda, ajustado pela exclusão de valores dos incisos I, II e III.

---

[54] BRASIL. Ministério da Fazenda. Secretaria da Receita Federal. Decisão nº 89, de 26 de março de 1999. *DOU*, 17 maio 1999.
[55] HIGUCHI, Hiromi. *Imposto de renda das empresas*, 2013, op. cit., p. 45.

Os arts. 549 e 557 do RIR/99 dispõem que se a pessoa jurídica titular de empreendimento beneficiado mantiver, também, atividades fora da área de atuação da SUDENE/SUDAM, fará destacar, em sua contabilidade, com clareza e exatidão, os elementos que se compõem as operações e resultados não alcançados pela redução ou isenção do imposto.[56]

Saliente-se que, para configurar qual a parcela do lucro da exploração beneficiária do incentivo fiscal, não será levado em conta o valor de transferência dos produtos para a filial.

Ainda sobre esse assunto, é entendimento da Solução de Consulta nº 15 da Receita Federal:

> A receita proveniente da venda de produtos feita por empresa situada na área de atuação da extinta SUDAM, beneficiária de incentivo fiscal do imposto de renda calculado sobre o lucro da exploração, será considerada resultado do estabelecimento incentivado, ainda que a mercadoria tenha sido previamente enviada para armazenagem em Armazém Geral localizado em outro Estado. Quando do envio para o Armazém Geral, a nota fiscal de remessa consignará o preço corrente das mercadorias no mercado atacadista da praça do remetente.[57]

Lucro da exploração

Para o aproveitamento dos benefícios relacionados ao lucro da exploração, notadamente Sudam e Sudene, conforme art. 57 da IN SRF nº 267/2002, o contribuinte deve considerar o lucro líquido do período de apuração, antes de deduzida a provisão

---

[56] Ibid., p. 45.
[57] BRASIL. Ministério da Fazenda. Secretaria da Receita Federal. Solução de Consulta nº 15, de 14 de maio de 2002. *DOU*, 25 jun. 2002.

para o imposto de renda, ajudado pela exclusão dos seguintes valores:

Art. 57. [...]

I - a parte das receitas financeiras que exceder às despesas financeiras;

II - os rendimentos e prejuízos das participações societárias;

III - os resultados não operacionais;

IV - os resultados obtidos em operações realizadas no exterior;

V - os baixados na conta de reserva de reavaliação, nos casos em que o valor realizado dos bens objeto da reavaliação tenha sido registrado como custo ou despesa operacional e a baixa da reserva tenha sido efetuada em contrapartida à conta de:

a) receita não operacional;

b) patrimônio líquido, não computada no resultado do mesmo período de apuração.

VI - a reserva especial (art. 2º da Lei nº 8.200, de 1991) computada para determinação do lucro real em razão da realização de bens ou direitos mediante alienação, depreciação, amortização, exaustão ou baixa a qualquer título;

VII - a parcela do lucro inflacionário apurado na fase pré-operacional, realizado a partir do período em que o empreendimento instalado na área de atuação das extintas Sudene e Sudam entrar em fase de operação;

VIII - os tributos e contribuições com exigibilidade suspensa, na forma dos incisos II a IV do art. 151 da Lei nº 5.172, de 25 de outubro de 1966, Código Tributário Nacional (CTN), adicionados ao lucro líquido, para efeito de determinação do lucro real.

§ 1º. Será adicionada ao lucro líquido, para efeito de determinação do lucro da exploração, a CSLL devida, relativa ao período de apuração.

[...]

§ 3º. As variações monetárias dos direitos de crédito e das obrigações da pessoa jurídica, em função da taxa de câmbio ou de índices ou coeficientes aplicáveis por disposição legal ou contratual são consideradas como receitas ou despesas financeiras, conforme o caso.

Sobre os incentivos fiscais, e o cálculo sobre o lucro líquido da exploração, no âmbito da Sudene, se encontra a Solução de Consulta nº 141, da Receita Federal, que assim dispõe:

> ASSUNTO: Imposto sobre a Renda de Pessoa Jurídica – IRPJ.
> EMENTA: INCENTIVOS FISCAIS. SUDENE. A isenção ou redução do imposto sobre a renda aplicada a empreendimentos instalados na área da Sudene *é calculada sobre o lucro da exploração correspondente*, de modo a beneficiar tão somente os estabelecimentos ali instalados. *Para fins desse cálculo, o valor comercial atribuído aos produtos na sua transferência de um estabelecimento para outro da mesma empresa será obtido com base na vigente legislação do IPI.*[58]

Questões de automonitoramento

1) Após ler este capítulo, você é capaz de resumir os casos geradores do capítulo 5, identificando as partes envolvidas, os problemas atinentes e as soluções cabíveis?
2) Quais os principais incentivos fiscais relacionados ao imposto de renda?
3) Diferencie e identifique os benefícios fiscais analisados entre aqueles em que é permitida a dedução da doação, patrocínio ou investimento como despesa e aqueles em que a dedutibilidade é vedada.

---

[58] BRASIL. Ministério da Fazenda. Secretaria da Receita Federal. Solução de Consulta nº 141, de 20 de agosto de 2001. *DOU*, 17 out. 2001, grifos nossos.

4) Quais os limites de aproveitamento do benefício da Lei Rouanet e do Audiovisual?
5) Pense e descreva, mentalmente, alternativas para a solução dos casos geradores do capítulo 5.

4

Contribuição Social sobre o Lucro Líquido (CSLL)

Roteiro de estudo

Aspectos gerais

A Contribuição Social sobre o Lucro Líquido (CSLL) é uma das fontes de recursos para o financiamento da seguridade social, prevista no art. 195 da Constituição Federal (CRFB/1988):

Art. 195. A seguridade social será financiada por toda a sociedade, de forma direta e indireta, nos termos da lei, mediante recursos provenientes dos orçamentos da União, dos Estados, do Distrito Federal e dos Municípios, e das seguintes contribuições sociais:

I - do empregador, da empresa e da entidade a ela equiparada na forma da lei, incidentes sobre:
[...]
c) o lucro.

Após a previsão constitucional, a contribuição social surge, de fato, no cenário nacional por meio da Medida Provisória (MP) nº 22, de 6 de dezembro de 1988, posteriormente convertida na Lei nº 7.689, de 15 de dezembro de 1988.

Atualmente não mais se discute a natureza jurídica da CSLL, por conseguinte, não surgem dúvidas se a ela seria aplicável o regime tributário ou não. A contribuição é uma espécie de tributo e apesar das normas de apuração e de pagamento estabelecidas para o imposto de renda das pessoas jurídicas (IRPJ) serem utilizadas na CSLL, não há que confundi-los.

Há de se observar ainda que, apesar de a apuração da CSLL se assemelhar à do IRPJ, inclusive adotando-se as mesmas periodicidades e prazos de pagamentos do imposto,[59] subsistem algumas diferenças, mantendo-se, por exemplo, a base de cálculo e as alíquotas previstas na própria legislação da CSLL.

Fato gerador

A CSLL tem como fato gerador o auferimento de lucro das pessoas jurídicas (PJs), de acordo com a previsão do art. 1º da Lei nº 7.689/1988. Em razão da hipótese de incidência de a contribuição perfazer-se sobre o lucro das PJs, indispensável se torna a discriminação da conceituação da palavra "lucro" para a correta compreensão do tributo e de suas implicações.

A CRFB/1988 não traz a significação do termo "lucro". Todavia, é no direito societário que encontramos a melhor acepção técnica para o referido conceito. Segundo o art. 191 da Lei das Sociedades Anônimas (Lei nº 6.404, de 15 de dezembro

---

[59] Lei nº 7.787/1989: "Art. 8º. A contribuição instituída pela Lei nº 7.689, de 15 de dezembro de 1988, será paga, juntamente com as parcelas do Imposto de Renda Pessoa Jurídica, sob a forma de antecipações, duodécimos ou cotas, observadas, no que couber, as demais condições estabelecidas nos arts. 2º a 7º do Decreto-Lei nº 2.354, de 24 de agosto de 1987".

de 1976), "lucro líquido do exercício é o resultado do exercício que remanescer depois de deduzidas as participações de que trata o art. 190".

Por sua vez, o art. 190 da citada Lei das S/A preconiza que "as participações estatutárias de empregados, administradores e partes beneficiárias serão determinadas, sucessivamente e nessa ordem, com base nos lucros que remanescerem depois de deduzida a participação anteriormente calculada". Em complemento, há também de ser considerado o art. 186[60] da mesma lei para melhor compreensão do conceito de "lucro".

A análise desses artigos pressupõe a definição de "lucro" como sendo o resultado positivo experimentado pela pessoa jurídica, num determinado período de apuração, abatidos os valores empregados para obtê-lo. Segundo Roque Carrazza:[61]

> O lucro enseja um acréscimo na capacidade econômica do contribuinte, ou, se preferirmos, revela disponibilidade de riqueza nova. E esta é fruto de um *resultado final*, que deve levar em conta não apenas as receitas da pessoa jurídica, mas as despesas necessárias à sua obtenção (custos, prejuízos, provisões, participações).

---

[60] Lei nº 6.404/1976: "Art. 186. A demonstração de lucros ou prejuízos acumulados discriminará: I - o saldo do início do período, os ajustes de exercícios anteriores e a correção monetária do saldo inicial; II - as reversões de reservas e o lucro líquido do exercício; III - as transferências para reservas, os dividendos, a parcela dos lucros incorporada ao capital e o saldo ao fim do período. § 1º. Como ajustes de exercícios anteriores serão considerados apenas os decorrentes de efeitos da mudança de critério contábil, ou da retificação de erro imputável a determinado exercício anterior, e que não possam ser atribuídos a fatos subsequentes. § 2º. A demonstração de lucros ou prejuízos acumulados deverá indicar o montante do dividendo por ação do capital social e poderá ser incluída na demonstração das mutações do patrimônio líquido, se elaborada e publicada pela companhia".
[61] CARRAZZA, Roque. *Curso de direito constitucional tributário*. 21. ed. São Paulo: Malheiros, 2005. p. 735.

Em suma, o lucro é a disponibilidade de riqueza nova apresentada pela pessoa jurídica ao cabo do período de apuração, levando-se em conta, além dos rendimentos para fins de apuração, as despesas necessárias à sua consecução.

Alíquotas da CSLL

A Emenda Constitucional nº 47/2005 deu nova redação ao § 9º do art. 195 da CRFB/1988,[62] dispondo que as contribuições sociais previstas no inciso I do *caput* daquele artigo poderão ter alíquotas ou bases de cálculo diferenciadas a depender do porte da empresa, atividade econômica, utilização da mão de obra, entre outros. Por conseguinte, a Lei nº 11.727/2008 introduziu dois incisos no art. 3º da Lei nº 7.689/1988, estabelecendo uma alíquota mais onerosa para as instituições financeiras e equiparadas, a partir de 1º de maio de 2008. Dessa forma, temos:

1) 15% – para as instituições financeiras e equiparadas (pessoas jurídicas de seguros privados, de capitalização e as referidas nos incisos I a VII, IX e X do § 1º do art. 1º da Lei Complementar (LC) nº 105, de 10 de janeiro de 2001, quais sejam: bancos comerciais, bancos de investimentos, bancos de desenvolvimento, caixas econômicas, sociedades de crédito, financiamento e investimento, sociedade de crédito imobiliário, sociedades corretoras de títulos e valores mobiliários, empresas de arrendamento mercantil, cooperativas de crédito, empresas de seguro, empresas de seguros privados e de capitalização e entidades de previdência privada aberta; e
2) 9% – para as demais pessoas jurídicas.

---

[62] CRFB/1988: "Art. 195. [...] § 9º. As contribuições sociais previstas no inciso I do *caput* deste artigo poderão ter alíquotas ou bases de cálculo diferenciadas, em razão da atividade econômica, da utilização intensiva da mão de obra, do porte da empresa ou da condição estrutural do mercado de trabalho".

A CSLL sofreu diversas modificações no decorrer dos anos, a fim de satisfazer os interesses momentâneos da União, principalmente no que concerne às alíquotas. A tributação das instituições financeiras inicialmente se deu através de alíquota majorada em 12%, enquanto os demais contribuintes recolhiam o tributo à alíquota de 8%, de acordo com a Lei nº 7.689/1988. Portanto, a legislação superveniente manteve a diferença de alíquotas entre instituições financeiras (alíquota em 15%, Lei nº 8.114/1990, art. 11) e as demais pessoas jurídicas.

Porém, a partir da promulgação da Emenda Constitucional de Revisão nº 1/1994, com redação dada pela Emenda Constitucional (EC) nº 10/1996, que, a propósito de instituir o chamado Fundo Social de Emergência, acrescentou o art. 72 ao Ato das Disposições Constitucionais Transitórias (ADCT), a alíquota da CSLL das instituições financeiras e equiparadas elevou-se para 30% nos exercícios de 1994 a 1996 e até 30 de junho de 1997.

Inconformadas, as instituições financeiras propuseram medidas judiciais questionando a diferenciação de alíquotas a elas aplicadas em relação às outras pessoas jurídicas, fato que culminou na apreciação do tema pelo Supremo Tribunal Federal, resultando no entendimento de que não há violação ao princípio da isonomia ao instituir-se uma alíquota diferenciada para as instituições financeiras. É o que se extrai da ementa do RE nº 490.576 AgR/SP:

EMENTA: TRIBUTÁRIO. CONTRIBUIÇÃO DESTINADA AO CUSTEIO DA SEGURIDADE SOCIAL. INSTITUIÇÕES FINANCEIRAS. CARGA TRIBUTÁRIA MAIOR. VIOLAÇÃO DO PRINCÍPIO DA ISONOMIA NÃO DEMONSTRADA. CONTRIBUIÇÃO SOCIAL SOBRE O LUCRO LÍQUIDO. CSLL. ART. 11 DA LC 70/1991. ECR 01/1994. PROCESSUAL CIVIL. AGRAVO REGIMENTAL. 1. Segundo precedentes da Segunda Turma desta Corte, não pode o Judiciário substituir-se ao legislador positivo para reduzir a carga tributária das instituições financeiras, por alegada ofensa ao princípio da isonomia. 2. As razões recursais não afastam dúvida determinante, relativa à possibilidade de as instituições financeiras sofrerem sacrifícios marginais proporcionalmente maiores, nos termos do princípio da solidariedade no custeio da seguridade social. Agravo regimental ao qual se nega provimento.[63]

O tema voltou ao STF, dessa vez sob o regime da repercussão geral, quando foi julgado o RE nº 587.008/SP. No entanto, a discussão da matéria não foi apreciada pelo STF no que concerne à violação ao princípio da isonomia tributária, mas sim pela violação ao princípio da anterioridade nonagesimal, contida no § 6º do art. 195 da CRFB/1988, concluindo-se pela inconstitucionalidade da exigência da contribuição antes de encerrada a *vacatio legis*, *verbis*:

> EMENTA- Recurso extraordinário – Emenda Constitucional nº 10/1996 – Art. 72, inciso III, do Ato das Disposições Constitucionais Transitórias (ADCT) – Contribuição Social sobre o Lucro (CSLL) – Alíquota de 30% – Pessoas jurídicas referidas no § 1º do art. 22 da Lei nº 8.212/1991 – Alegada violação ao art. 195, § 6º, da Constituição Federal. 1. O poder constituinte derivado não é ilimitado, visto que se submete ao processo consignado no art. 60, §§ 2º e 3º, da Constituição Federal, bem assim aos limites materiais, circunstanciais e temporais dos §§ 1º, 4º e 5º do aludido artigo. 2. A anterioridade da norma tributária, quando essa é gravosa, representa uma das garantias fundamentais do contribuinte, traduzindo uma limitação ao poder impositivo do Estado. 3. A emenda Constitucional nº 10/1996,

---

[63] BRASIL. Supremo Tribunal Federal. RE nº 490.576 AgR/SP. Relator: ministro Joaquim Barbosa: Julgamento em 1º de março de 2011. *DJe*, 30 mar. 2011.

especialmente quanto ao inciso III do art. 72 do Ato das Disposições Constitucionais Transitórias – objeto de questionamento – é um novo texto que veicula nova norma, e não mera prorrogação da emenda anterior. 4. Hipótese de majoração da alíquota da CSSL para as pessoas jurídicas referidas no § 1º do art. 22 da Lei nº 8.212/1991. 5. Necessidade de observância do princípio da anterioridade nonagesimal contido no art. 195, § 6º, da Constituição Federal. 6. Recurso Extraordinário a que se nega provimento.[64]

Por fim, o art. 17 da MP nº 413, de 3 de janeiro de 2008, mediante alteração do art. 3º da Lei nº 7.689/1988, instituiu a alíquota em 15% para instituições financeiras em geral, empresas de seguros privado e de capitalização. Entretanto, é perceptível que esse dispositivo não distinguiu as hipóteses de opção pelo regime trimestral e regime anual do imposto de renda, de sorte que poderá haver, segundo Kiyoshi Harada,[65] aplicação indiscriminada do aumento em relação a todas as pessoas jurídicas referidas, gerando situações que ensejem inconstitucionalidade por violação do princípio da anterioridade.

Base de cálculo da CSLL

A base de cálculo da CSLL encontra-se definida no art. 2º da Lei nº 7.689/1988[66] como o valor do resultado do exercício, antes

---

[64] BRASIL. Supremo Tribunal Federal. RE nº 587.008/SP. Relator: ministro Dias Toffoli. Julgamento em 2 de fevereiro de 2011. DJe, 5 maio 2011.
[65] HARADA, Kiyoshi. Direito financeiro e tributário. 23. ed. São Paulo: Atlas, 2014. p. 368.
[66] Lei nº 7.689/1988: "Art. 2º. A base de cálculo da contribuição é o valor do resultado do exercício, antes da provisão para o imposto de renda. § 1º. Para efeito do disposto neste artigo: a) será considerado o resultado do período-base encerrado em 31 de dezembro de cada ano; b) no caso de incorporação, fusão, cisão ou encerramento de atividades, a base de cálculo é o resultado apurado no respectivo balanço; c) o resultado do período-base, apurado com observância da legislação comercial, será ajustado pela: 1 - adição

da provisão para o imposto de renda. Em síntese, é o resultado do período de apuração, antes de se computar a provisão para seu próprio pagamento e a provisão do IRPJ, ajustado por adições e exclusões prescritas ou autorizadas pela legislação tributária. Além das previsões de adição e exclusão criadas pelo art. 2º para fins de apuração do período-base, a MP nº 2.158-35/2001 traz, em seus arts. 21 e 83, respectivamente, que deverão se sujeitar à incidência da CSLL os rendimentos e ganhos de capital auferidos no exterior, tratando-se, portanto, de mais uma hipótese de adição, ao passo que se deve deduzir o valor das provisões técnicas das operadoras de planos de assistência à saúde, cuja constituição é exigida pela legislação especial a elas aplicável.

Ademais, ratifica-se a importância da observância de leis específicas pelas empresas para fins de identificação de outras hipóteses de adição e exclusão existentes, tais como diferimento de lucros de contratos com pessoa jurídica de direito público, apropriação das variações cambiais pelo regime de caixa na base de cálculo e perdas em operações realizadas no exterior, entre outros.[67]

Há, ainda, previsão nos arts. 19 e 19-A da Lei nº 11.196/2005[68] de hipóteses interessantes de redução para apu-

---

do resultado negativo da avaliação de investimentos pelo valor de patrimônio líquido; 2 - adição do valor de reserva de reavaliação, baixada durante o período-base, cuja contrapartida não tenha sido computada no resultado do período-base; 3 - adição do valor das provisões não dedutíveis da determinação do lucro real, exceto a provisão para o Imposto de Renda; 4 - exclusão do resultado positivo da avaliação de investimentos pelo valor de patrimônio líquido; 5 - exclusão dos lucros e dividendos derivados de investimentos avaliados pelo custo de aquisição, que tenham sido computados como receita; 6 - exclusão do valor, corrigido monetariamente, das provisões adicionadas na forma do item 3, que tenham sido baixadas no curso de período-base. § 2º. No caso de pessoa jurídica desobrigada de escrituração contábil, a base de cálculo da contribuição corresponderá a dez por cento da receita bruta auferida no período de 1º de janeiro a 31 de dezembro de cada ano, ressalvado o disposto na alínea 'b' do parágrafo anterior".
[67] HIGUCHI, Hiromi. *Imposto de renda das empresas*: interpretação e prática. 38. ed. São Paulo: IR, 2013. p. 799.
[68] Ibid., p. 801.

ração da base de cálculo da CSLL. A pessoa jurídica poderá excluir do lucro líquido, na determinação do lucro real e da base de cálculo da CSLL, o valor correspondente a até 60%, podendo chegar a 80% da soma de dispêndios realizados com pesquisa e desenvolvimento de inovação tecnológica.

A contribuição será apurada seguindo um dos regimes de apuração do IRPJ: lucro presumido, lucro arbitrado ou lucro real. É importante ressaltar que a legislação pátria não comporta disparidade de regimes de apuração para o IRPJ e para a CSLL. Uma vez definido o regime de apuração, ele será aplicado indistintamente para ambos os tributos.

Entretanto, esses tributos guardam certas particularidades que os diferem substancialmente, notadamente quanto à aplicação das imunidades constitucionais e das limitações ao poder de tributar previstas nos arts. 149 e 150 da CRFB/1988.

Lucro presumido e a CSLL

Diferentemente do que ocorre com o IRPJ, para a CSLL no lucro presumido existem apenas duas alíquotas de presunção do lucro tributável a serem aplicáveis à receita bruta:[69]

> 32% – prestação de serviços em geral, exceto a de serviços hospitalares e de auxílio diagnóstico e terapia, patologia clínica, imagenologia, anatomia patológica e citopatologia, medicina nuclear e análises e patologias clínicas, desde que a prestadora destes serviços seja organizada sob a forma de sociedade em-

---

[69] RIR/1999: "Art. 244. A receita bruta das vendas e serviços compreende o produto da venda de bens nas operações de conta própria, o preço dos serviços prestados e o resultado auferido nas operações de contra alheia (Lei nº 8.981/1995, art. 31). Parágrafo único. Na receita bruta não se incluem as vendas canceladas, os descontos incondicionais concedidos e os impostos não cumulativos cobrados destacadamente do comprador ou contratante dos quais o vendedor dos bens ou prestador dos serviços seja mero depositário (Lei nº 8.981/1995, art. 31, parágrafo único)".

presária e atenda às normas da Agência Nacional de Vigilância Sanitária – Anvisa; intermediação de negócios; administração, locação ou cessão de bens imóveis, móveis e direitos de qualquer natureza; prestação cumulativa e contínua de serviços de assessoria creditícia, mercadológica, gestão de crédito, seleção de riscos, administração de contas a pagar e a receber, compra de direitos creditórios resultantes de vendas mercantis a prazo ou de prestação de serviços (*factoring*); prestação de serviços de construção, recuperação, reforma, ampliação ou melhoramento de infraestrutura vinculados a contrato de concessão de serviço público;

12% – para as demais atividades.

Vejamos o art. 20 da Lei nº 9.249/1995:

Art. 20. A base de cálculo da Contribuição Social sobre o Lucro Líquido devida pelas pessoas jurídicas que efetuarem o pagamento mensal ou trimestral a que se referem os arts. 2º, 25 e 27 da Lei nº 9.430, de 27 de dezembro de 1996, corresponderá a 12% (doze por cento) sobre a receita bruta definida pelo art. 12 do Decreto-Lei nº 1.598, de 26 de dezembro de 1977, auferida no período, deduzida das devoluções, vendas canceladas e dos descontos incondicionais concedidos, exceto para as pessoas jurídicas que exerçam as atividades a que se refere o inciso III do § 1º do art. 15, cujo percentual corresponderá a 32% (trinta e dois por cento).

§ 1º. A pessoa jurídica submetida ao lucro presumido poderá, excepcionalmente, em relação ao 4º (quarto) trimestre-calendário de 2003, optar pelo lucro real, sendo definitiva a tributação pelo lucro presumido relativa aos 3 (três) primeiros trimestres.

§ 2º. O percentual de que trata o *caput* deste artigo também será aplicado sobre a receita financeira de que trata o § 4º do art. 15 desta Lei. (Redação dada pela Lei nº 12.973, de 13 de maio de 2014)

Alguns doutrinadores defendem que os percentuais de presunção de lucro, para incidência tanto do imposto de renda quanto da CSLL, deveriam ser iguais. Segundo Hiromi Higuchi,[70] o critério técnico ou de justiça fiscal nas alterações da legislação tributária federal foi abandonado completamente, prevalecendo o critério arrecadatório utilizado atualmente.

O autor comenta que se o critério técnico houvesse sido utilizado na alteração do percentual da atividade de prestação de serviços de 12% para 32%, o percentual para a venda de mercadorias deveria sair de 12% para 8%, e o de revenda de combustíveis para consumo deveria passar dos 12% para 1,6%. Segundo Higuchi,[71]

> o percentual de 12% para determinação da base de cálculo da CSLL na revenda de combustíveis para consumo significa tributar a diferença entre o preço de venda e o de compra como se fosse lucro líquido, tendo em vista a pequena margem de lucro dessa atividade.

Existem algumas peculiaridades envolvendo a CSLL quanto à atividade de construção por empreitada. Vejamos o Ato Declaratório Normativo (ADN) Cosit nº 6, de 13 de janeiro de 1997:

> Percentual a ser aplicado sobre a receita bruta para determinação da base de cálculo do imposto de renda mensal na atividade de construção por empreitada.
>
> O Coordenador-Geral do Sistema de Tributação, no uso das atribuições que lhe confere o artigo 147, inciso III, do Regimento Interno da Secretaria da Receita Federal, aprovado pela Portaria do Ministro da Fazenda nº 606, de 03 de setembro de

---

[70] HIGUCHI, Hiromi. *Imposto de renda das empresas*: interpretação e prática, op. cit., 2013, p. 69.
[71] Ibid., p. 69.

1992, e tendo em vista o disposto no artigo 15 da Lei nº 9.249, de 26 de dezembro de 1995, e no artigo 3º da IN SRF nº 11, de 21 de fevereiro de 1996, declara, em caráter normativo, às Superintendências Regionais da Receita Federal, às Delegacias da Receita Federal de Julgamento e aos demais interessados, que:
I - na atividade de construção por empreitada, o percentual a ser aplicado sobre a receita bruta para determinação da base de cálculo do imposto de renda mensal será:
a) 8% (oito por cento) quando houver emprego de materiais, em qualquer quantidade;
b) 32% (trinta e dois por cento) quando houver emprego unicamente de mão de obra, ou seja, sem o emprego de materiais;
II - as pessoas jurídicas enquadradas no inciso I, letra a, deste Ato Normativo, não poderão optar pela tributação com base no lucro presumido.[72]

Ao definir que na atividade construção por empreitada o percentual a ser aplicado sobre a receita bruta para a determinação da base de cálculo do IR mensal será de 8% quando houver emprego de materiais (em qualquer quantidade), o ato declaratório enquadra esse caso no *caput* do art. 15 da Lei nº 9.249/1995. Já os casos em que se aplica somente a mão de obra, sem empregar materiais, se enquadram no inciso III do § 1º do art. 15 dessa lei. Vejamos recente solução de consulta sobre o assunto:

Solução de Consulta Cosit nº 8/2014
DOU: nº 63, de 2 de abril de 2014, Seção 1, pág. 36.
Assunto: Contribuição Social sobre o Lucro Líquido – CSLL

---

[72] BRASIL. Coordenação Geral de Tributação (Cosit) da Receita Federal. Ato Declaratório Normativo nº 6, de 13 de janeiro de 1997. DOU, 15 jan. 1997.

Ementa: Lucro presumido. Construção civil. Empreitada. Fornecimento de material. Percentual. Às receitas decorrentes da prestação de serviços de construção civil somente se aplica o percentual de presunção de 12% [sic] (oito por cento) para a CSLL na hipótese de contratação por empreitada na modalidade total, com fornecimento, pelo empreiteiro, de todos os materiais indispensáveis à execução da obra, sendo tais materiais incorporados a esta. As demais receitas decorrentes de prestação de serviços, salvo as de serviços médicos e hospitalares definidos na legislação, sujeitam-se ao percentual de presunção de 32% (trinta e dois por cento).
DISPOSITIVOS LEGAIS: Lei nº 9.249, de 1995, arts. 15 e 20; Lei nº 9.718, de 1998, art. 14; Lei nº 7.689, de 1988, art. 6º; Lei nº 8.981, de 1995, art. 57; Lei nº 9.430, de 1996, art. 28; Instrução Normativa RFB nº 1.234, de 2012, arts. 2º, § 7º, II, e § 9º, e 38; Ato Declaratório Normativo Cosit nº 6, de 1997.

Hiromi Higuchi[73] comenta a possibilidade de que o percentual aplicável na determinação da base de cálculo seja de 12%, relativamente às empresas prestadoras de serviços que empregam materiais por conta própria:

> Se as empresas prestadoras de serviços que empregam materiais por sua conta e responsabilidade estão enquadradas no *caput* do art. 15 da Lei nº 9.249/95, para determinação da base de cálculo do imposto de renda, essas empresas não estão enquadradas no inciso III do § 1º do art. 15 dessa lei. Com isso, o percentual aplicável na determinação na base de cálculo da CSLL continuará sendo o de 12%. Esse entendimento é aplicável, também, para outras atividades em que o lucro presumido é determinado

---

[73] HIGUCHI, Hiromi. *Imposto de renda das empresas*, 2013, op. cit., p. 69.

pela aplicação do percentual de 8% sobre a receita bruta como ocorre com as empresas de serviços hospitalares.

Tal como ocorre com o IRPJ, as receitas não relacionadas diretamente com a venda de mercadorias ou com a prestação de serviços compõem a base de cálculo da CSLL, porém, sem a aplicação do percentual de presunção, tais como toda a espécie de ganho de capital (aplicação financeira, alienação de participações societárias, devolução de capital em bens ou direitos, alienação de ativo imobilizado), rendimentos auferidos com aplicações financeiras ou mútuo, juros de capital próprio (JCP) etc.

Com a aprovação da Lei nº 12.973/2014, resultado da conversão da MP nº 627/2013, que altera a legislação tributária federal relativa ao IRPJ, à CSLL, à contribuição para o PIS/Pasep e à Cofins, houve a alteração do conceito de receita bruta, inclusive no que concerne à apuração do lucro presumido. Esse conceito passou a abranger não só o fruto do desenvolvimento do objeto social da empresa constante no contrato social, mas também as receitas da atividade ou objeto principal da pessoa jurídica, ainda que não constante especificamente em seu contrato social.

Como exemplo, pode-se citar o caso de uma empresa atacadista que, diante da retração do seu mercado, resolve alugar uma parte do seu galpão, auferindo esse outro tipo de receita (locação). Em razão do volume, essa empresa acaba por ter duas atividades principais, conquanto no seu objeto social conste apenas comércio atacadista.[74]

A apuração do IRPJ com base no lucro presumido ocorre com a aplicação, sobre a receita bruta, de um percentual de presunção, expressamente previsto em lei, em substituição à pos-

---

[74] Lucro presumido na nova lei do IRPJ. Disponível em: <www.valor.com.br/legislacao/fio-da-meada/3563662/lucro-presumido-na-nova-lei-do-irpj>. Acesso em: 20 ago. 2014.

sibilidade de deduzir todo e qualquer custo ou despesa. A essa "receita presumida" eram adicionadas todas as demais receitas (como a de locação do exemplo), inclusive as financeiras. De acordo com a Lei nº 12.973/2014, se entre essas "demais receitas", com exceção das financeiras, houver alguma relacionada à atividade principal da empresa, ainda que ausente a expressa menção no seu contrato social, essa receita estará sujeita, da mesma forma, ao percentual de presunção.

A mudança acarretou dois efeitos tributários: a ampliação da base de cálculo da contribuição para o PIS/Cofins, refletindo no incremento do recolhimento dessas contribuições, assim como um efeito reflexo, pois, consequentemente, as empresas que optarem pelo recolhimento do lucro presumido passam a recolher menos IRPJ e CSLL, visto que, agora, todas as demais receitas compõem o conceito de receita bruta, ficando sujeitas ao percentual de presunção do lucro presumido. As principais mudanças do instrumento normativo passaram a vigorar em janeiro de 2015, tendo sido mantida a possibilidade de opção irretratável por sua aplicação desde 2014.

Lucro arbitrado e a CSLL

A base de cálculo da CSLL das pessoas jurídicas tributadas pelo lucro arbitrado está disciplinada no art. 29 da Lei nº 9.430/1996, no art. 20 da Lei nº 9.249/1995 e no art. 55 da Lei nº 8.981/1995. A base de cálculo corresponderá à soma dos seguintes valores:

1) 12% da receita bruta;
2) "os ganhos de capital, os rendimentos e ganhos líquidos auferidos em aplicações financeiras, as demais receitas, os resultados positivos decorrentes de receitas não abrangidas

pelo inciso I, com os respectivos valores decorrentes do ajuste a valor presente de que trata o inciso VIII do *caput* do art. 183 da Lei nº 6.404, de 15 de dezembro de 1976, e demais valores determinados nesta Lei, auferidos naquele mesmo período" [art. 6º, II, da Lei nº 12.973/2014].

Para as pessoas jurídicas que exercem as atividades de prestação de serviços a que se refere o art. 15, § 1º, III, da Lei nº 9.249/1995, a base de cálculo será de 32% sobre a receita bruta, de acordo com o art. 22 da Lei nº 10.684/2003.

O art. 55 da Lei nº 8.981/1995 dispõe que, quando a receita bruta não for conhecida, o lucro arbitrado para incidência do imposto de renda constituirá também base de cálculo da CSLL.

Portanto, para definição do lucro arbitrado os percentuais de presunção serão os mesmos (12% e 32%), apenas com uma variação no caso das pessoas jurídicas de que trata o inciso III do art. 36 da Lei nº 8.981/1995, em que a base de cálculo da contribuição social corresponderá ao valor da receita bruta ajustada pelas seguintes deduções (art. 57, § 2º, c/c art. 29 da Lei nº 8.981/1995):

> a) no caso das instituições financeiras, sociedades corretoras de títulos, valores mobiliários e câmbio e sociedades distribuidoras de títulos e valores mobiliários:
> a.1) as despesas incorridas na captação de recursos de terceiros;
> a.2) as despesas com obrigações por refinanciamentos, empréstimos e repasses de recursos de órgãos e instituições oficiais e do exterior;
> a.3) as despesas de cessão de créditos;
> a.4) as despesas de câmbio;
> a.5) as perdas com títulos e aplicações financeiras de renda fixa;
> a.6) as perdas nas operações de renda variável previstas no inciso III do art. 77.

b) no caso de empresas de seguros privados: o cosseguro e resseguro cedidos, os valores referentes a cancelamentos e restituições de prêmios e a parcela dos prêmios destinada à constituição de provisões ou reservas técnicas;

c) no caso de entidades de previdência privada abertas e de empresas de capitalização: a parcela das contribuições e prêmios, respectivamente, destinada à constituição de provisões ou reservas técnicas.

d) no caso de operadoras de planos de assistência à saúde: as corresponsabilidades cedidas e a parcela das contraprestações pecuniárias destinada à constituição de provisões técnicas. (Incluído pela Medida Provisória nº 2.158-35, de 2001)

Custos e despesas indedutíveis

Na apuração do lucro real, algumas despesas são dedutíveis ou indedutíveis exclusivamente para fins da apuração da CSLL. Não há, de fato, uma explicação lógica para diferenciação, ao menos não explicitamente manifestada pelo legislador, mas encontramos algumas hipóteses em que algumas adições foram previstas apenas para o lucro real na apuração do IRPJ, ou seja, são dedutíveis para fins de apuração da base de cálculo da CSLL.

Noutras oportunidades, a exclusão é apenas permitida para fins de apuração da base de cálculo do IRPJ e não para a CSLL.

O quadro comparativo a seguir demonstrará cada uma das particularidades e hipóteses em que a adição é obrigatória para fins de apuração da base de cálculo do IRPJ, e totalmente dedutível para fins de apuração da CSLL.

Tipo	Descrição	Lucro real	BC – CSLL
Adição	Pagamentos a sociedade civil de prestação de serviços profissionais, quando a beneficiária for controlada, direta ou indiretamente, por pessoas físicas que sejam diretores, gerentes ou controladores da PJ que pagar os rendimentos, bem como por cônjuges ou parentes de primeiro grau dessas pessoas (art. 249, parágrafo único, II, do RIR/1999).	Sim	Não
Adição	Depreciação de bem que tenha sido objeto de depreciação acelerada a título de incentivo fiscal, contabilizada a partir do momento em que a soma da depreciação acumulada normal, registrada na escrituração comercial, com a depreciação acumulada incentivada, registrada no Lalur, atingir 100% do custo de aquisição (art. 313, § 2º, do RIR/1999).	Sim	Não
Adição	Prejuízo por desfalque, apropriação indébita ou furto, praticados por empregados ou terceiros, se não houver sido instaurado inquérito administrativo nos termos da legislação trabalhista ou apresentada queixa perante a autoridade policial (art. 364 do RIR/1999).	Sim	Não
Adição	Contribuição Social sobre o Lucro Líquido – CSLL (arts. 249, parágrafo único, IX e 344, § 6º, do RIR/1999).	Sim	Não
Adição	Perdas apuradas em operações realizadas nos mercados de renda variável e de *swap* que excederem os ganhos auferidos em operações dessa mesma natureza (art. 249, parágrafo único, X, do RIR/1999).	Sim	Não
Adição	Perdas incorridas em operações financeiras iniciadas e encerradas no mesmo dia (*day trade*), realizadas em mercado de renda fixa ou variável (exceto as apuradas por instituições financeiras, seguradora e assemelhadas (art. 771 do RIR/1999).	Sim	Não
Adição	Amortização de ágio pago na aquisição de participações societárias sujeitas à avaliação pela equivalência patrimonial, cujo valor deve ser registrado na parte B do Lalur para ser computado no lucro real do período de apuração em que ocorrer a alienação ou a liquidação do investimento (arts. 391 e 426 do RIR/1999).	Sim	Não

Continua

Tipo	Descrição	Lucro real	BC – CSLL
Adição	Prejuízo na alienação ou baixa de investimentos adquiridos mediante incentivo fiscal de dedução do imposto de renda (art. 429 do RIR/1999).	Sim	Não
Adição	Remuneração indireta de administradores, diretores, gerentes e seus assessores, quando não identificados e individualizados os beneficiários, bem como o IRRF incidente sobre essa remuneração (35%) (art. 358, § 3º, do RIR/1999).	Sim	Não
Adição	Gratificações e participações no resultado ou nos lucros atribuídas a dirigentes ou administradores e participações nos lucros atribuídas a partes beneficiárias emitidas pela empresa (no caso de S/A) e a técnicos estrangeiros, domiciliados ou residentes no exterior, para a execução de serviços especializados, em caráter provisório (arts. 303 e 463 do RIR/1999).	Sim	Não
Adição	Prejuízos havidos em virtude de alienação de ações, títulos ou cotas de capital, com deságio superior a 10% dos respectivos valores de aquisição, salvo se a venda houver sido realizada em bolsa de valores ou, onde esta não existir, com divulgação do respectivo edital, na forma da lei, durante três dias no período de um mês (art. 390 do RIR/1999).	Sim	Não
Adição	Parcela do ganho de capital auferido na alienação de bens do ativo permanente (venda a longo prazo), realizada em período de apuração anterior, cuja tributação tenha sido diferida para fins de determinação do lucro real, proporcional à parcela do preço da alienação recebida no período-base (art. 421 do RIR/1999).	Sim	Não
Adição	Ganho de capital auferido na alienação de bens do ativo permanente (venda a longo prazo), cujo preço deva ser recebido, no todo ou em parte, após o término do ano-calendário subsequente ao da contratação, se houver opção pelo diferimento da tributação (art. 421 do RIR/1999).	Sim	Não

Noutras oportunidades, como no quadro a seguir, verifica-se a possibilidade de exclusões na apuração da base de cálculo do IRPJ, mas tal benefício não é concedido à CSLL.

Tipo	Descrição	Lucro real	BC – CSLL
Exclusão	Perdas apuradas em operações realizadas nos mercados de renda variável e de *swap* que tenham sido adicionadas ao lucro líquido de período de apuração anterior, por terem excedido aos ganhos auferidos em operações da mesma natureza, até o limite da diferença positiva entre ganhos e perdas decorrentes de operações dessas mesmas espécies, computados no resultado do período-base (art. 250, parágrafo único, "e", do RIR/1999).	Sim	Não
Exclusão	Valor dos investimentos em atividades audiovisuais, observada a legislação de regência (art. 372 do RIR/1999).	Sim	Não
Exclusão	Depreciação acelerada incentivada. (art. 313, § 1º do RIR/1999)	Sim	Não
Exclusão	Valor adicionado ao lucro líquido e registrado na parte B do Lalur em período de apuração anterior, relativo à amortização de ágio pago na aquisição de participações societárias permanentes, avaliadas pela equivalência patrimonial, que tenham sido alienadas ou liquidadas no período-base (art. 391, parágrafo único, do RIR/1999).	Sim	Não
Exclusão	Valor controlado na parte B do Lalur, corrigido monetariamente até 31/12/1995, relativo a tributos e contribuições adicionados ao lucro real dos anos-calendário de 1993 e 1994 que tenham sido pagos no período-base (art. 7º, § 1º, da Lei nº 8.541/1992).	Sim	Não
Exclusão	Juros produzidos por NTN (art. 4º Lei nº 10.179/2001) – Notas do Tesouro Nacional (isenção dos juros) (arts. 1º, III, e 4º da Lei nº 10.179/2001).	Sim	Não
Exclusão	Resultado positivo das atividades econômicas de proveito comum, sem fins lucrativos, realizadas pelas sociedades cooperativas que obedecerem ao disposto na legislação específica, exceto cooperativas de consumo que tenham por objeto a compra e o fornecimento de bens aos consumidores, associados ou não. Ressalta-se a não aplicação para as cooperativas mistas (arts. 182 a 184 do RIR/1999).	Sim	Não

Continua

Tipo	Descrição	Lucro real	BC – CSLL
Exclusão	Ganho de capital auferido na alienação de bens do ativo não circulante realizada no período-base (venda a longo prazo), cujo preço deva ser recebido, no todo ou em parte, após o término do ano-calendário subsequente ao da contratação, se houver opção pelo diferimento da tributação (art. 421 do RIR/1999).	Sim	Não
Exclusão	Custos e despesas com capacitação de pessoal que atua no desenvolvimento de programas de computador (art. 13-A da Lei nº 11.774/2008 e IN RFB nº 986/2009).	Sim	Não
Exclusão	Depreciação, amortização ou exaustão, bem como parcela do custo de bem baixado a qualquer título, correspondentes à correção monetária complementar pela diferença IPC/BTNF de 1990 (art. 457 do RIR/1999 c/c art. 41 do Decreto nº 332/1991).	Não	Sim

As regras básicas para determinar se a despesa é dedutível no regime do lucro real estão previstas no art. 299 do RIR/1999. Para a dedutibilidade das despesas, estas devem atender às seguintes regras básicas:

1) não constituírem inversões de capital;
2) serem necessárias para a atividade da empresa;
3) estarem devidamente comprovadas e escrituradas;
4) serem debitadas no período-base competente.

As despesas não computadas nos custos necessários à atividade da empresa e à manutenção da respectiva fonte produtora são classificadas como operacionais.

Consideram-se necessárias as despesas pagas ou incorridas para a realização das transações ou operações exigidas pela atividade da empresa (Parecer Normativo CST nº 32/1981). Entende-se por despesas operacionais as usuais no tipo de transações, operações ou atividades da empresa. As gratificações pagas aos empregados (seja qual for a designação que tiverem) integram as despesas operacionais necessárias.

Os custos de aquisição de bens que serão destinados ao ativo não circulante (composto por ativo realizável a longo prazo, investimentos, imobilizado e intangível, segundo a Lei nº 6.404/1976) não poderão ser deduzidos como despesa operacional, excetuando-se a hipótese de o bem adquirido ter valor unitário não superior a R$ 326,61, ou no caso de o prazo de vida útil do bem ser menor do que um ano.

As importâncias declaradas como pagas ou creditadas a título de comissões, bonificações, gratificações ou semelhantes, quando não for indicada a operação ou causa que deu origem ao rendimento e quando o comprovante do pagamento não individualizar o beneficiário do rendimento, serão consideradas despesas operacionais indedutíveis.

De acordo com a Lei nº 8.981/1995, art. 41 (incorporado no RIR/1999, art. 344), os tributos e contribuições são dedutíveis na determinação do lucro real, segundo o regime de competência. Por outro lado, se as importâncias contabilizadas forem relacionadas a tributos com exigibilidade suspensa, estas não serão dedutíveis, nos termos do art. 151, II a IV, do Código Tributário Nacional (CTN). Essa indedutibilidade é também aplicada às multas, juros e encargos relativos a esses tributos e contribuições.

Intenso debate foi instaurado quando da discussão acerca da dedutibilidade dos juros sobre o capital próprio (JCP) na apuração da base de cálculo da CSLL. A controvérsia foi instaurada quando o art. 87 da Lei nº 9.430/1996 revogou o art. 9º, § 10, da Lei nº 9.249/1995, que expressamente vedava a dedutibilidade dessa despesa.

O tema foi apreciado pelo Superior Tribunal de Justiça firmando-se o entendimento de que o legislador pode determinar a dedutibilidade de certos valores da base de cálculo do IRPJ e não fazê-lo para a apuração da CSLL, sem que isso importe em ilegalidade ou inconstitucionalidade. O AgRg no REsp nº 1.245.025/SP, da lavra do ministro Castro Meira, é um bom exemplo do entendimento do STJ sobre ao tema:

Ementa
RECURSO ESPECIAL. AGRAVO REGIMENTAL. TRIBUTÁRIO. CONTRIBUIÇÃO SOCIAL SOBRE O LUCRO LÍQUIDO – CSLL. BASE DE CÁLCULO. JUROS SOBRE O CAPITAL PRÓPRIO. EXCLUSÃO. POSSIBILIDADE A PARTIR DO ANO-CALENDÁRIO DE 1997.

1. Conhecido o recurso especial quanto ao mérito, fica prejudicada a alegação de contrariedade ao disposto no art. 535, II, do CPC.

2. A tese de violação do art. 110 do CTN não se comporta nos estreitos limites do recurso especial, já que, para tanto, faz-se necessário examinar a regra constitucional de competência, tarefa reservada à Suprema Corte, nos termos do art. 102 da CF/1988. Precedentes.

3. Os juros sobre capital próprio somente podem ser excluídos da base de cálculo da Contribuição Social sobre o Lucro Líquido – CSLL a partir do exercício financeiro de 1997, quando se tornou efetiva a revogação do art. 9º, § 10, da Lei nº 9.249/1995 pelo art. 87 da Lei nº 9.430/96.

4. A lei pode admitir a dedução dos juros referentes à remuneração do capital próprio para a apuração do Imposto de Renda, sem admiti-la em relação à Contribuição Social, conforme o fez o § 10 do art. 9º da Lei nº 9.249/1995. Precedentes de ambas as Turmas de Direito Público do STJ.

5. Agravo regimental não provido.[75]

Nesse mesmo sentido, também o Supremo Tribunal Federal, ao julgar o RE nº 399.667 AgR/RN, de relatoria do ministro Joaquim Barbosa, firmou entendimento de que, não obstante

---

[75] BRASIL. Superior Tribunal de Justiça. AgRg no REsp nº 1.245.025/SP. Relator: ministro Castro Meira. Julgamento em 3 de maio de 2012. *DJe*, 10 maio 2012.

haver identidade de base de cálculo entre o IRPJ e a CSLL, são tributos de espécies próprias e diferentes:

> EMENTA: TRIBUTÁRIO. CONTRIBUIÇÃO SOCIAL SOBRE O LUCRO LÍQUIDO. CSLL. PRETENDIDA EXTENSÃO À EXAÇÃO DE BENEFÍCIO FISCAL CONCEDIDO EM RELAÇÃO AO IMPOSTO DE RENDA E PROVENTOS DE QUALQUER NATUREZA. SUPOSTA IDENTIDADE OU SEMELHANÇA ENTRE AS BASES DE CÁLCULO DOS TRIBUTOS. IR E CSLL. TRIBUTOS DE ESPÉCIES PRÓPRIAS E DIFERENTES. IMPOSSIBILIDADE DE EXTENSÃO AUTOMÁTICA DE BENEFÍCIO CONCEDIDO EM RELAÇÃO A UM DOS TRIBUTOS AO OUTRO. PROCESSUAL CIVIL. PREQUESTIONAMENTO. MATÉRIA INFRACONSTITUCIONAL. Esta Corte já afastou expressamente a identidade entre a Contribuição Social sobre o Lucro Líquido – CSLL e o Imposto de Renda e Proventos de Qualquer Natureza – IRPJ, por se tratarem de tributos classificados em espécies próprias e diferentes. Assim, eventual semelhança entre as bases de cálculo das exações não implica necessariamente em unicidade de tratamento fiscal. Ausente a identidade entre os tributos, a extensão do benefício concedido em relação a uma das exações para a outra dependeria de lei específica neste sentido (art. 150, § 6º da Constituição). As demais alegações referem-se à matéria não pré-questionada, de natureza infraconstitucional. Agravo ao qual se nega provimento.[76]

Nessa mesma linha de entendimento, o Superior Tribunal de Justiça reafirmando entendimento definitivo, em sede de recurso repetitivo (REsp nº 1.113.159/AM), encerrou a discussão acerca da legalidade/constitucionalidade do art. 1º da Lei nº

---

[76] BRASIL. Supremo Tribunal Federal. RE nº 399.667 AgR/RN. Relator: ministro Joaquim Barbosa. Julgamento em 18 de outubro de 2011. *Dje*, 8 nov. 2011.

9.360/1996, que vedou a dedução da CSLL da base de cálculo do IRPJ e da sua própria base de cálculo, anteriormente permitida pelo legislador. O AgRg no REsp nº 1.139.547/RS, com relatoria do ministro Benedito Gonçalves, demonstra tratar-se de tema pacífico na Corte, nos seguintes termos:

> Ementa
> PROCESSUAL CIVIL E TRIBUTÁRIO. AGRAVO REGIMENTAL NO RECURSO ESPECIAL. CONTRIBUIÇÃO SOCIAL SOBRE O LUCRO. BASE DE CÁLCULO. IRPJ. LEGALIDADE. LEI 9.316/96. MATÉRIA DECIDIDA PELA PRIMEIRA SEÇÃO DO STJ, SOB O RITO DO ART. 543-C, DO CPC.
> 1. A Primeira Seção do STJ, por ocasião do julgamento do REsp 1.113.159/AM, Rel. Min. Luiz Fux, sob o rito do art. 543-C, do CPC, decidiu: "o art. 1º, parágrafo único, da Lei 9.316/96 não tem qualquer ilegalidade/inconstitucionalidade, nem vulnera o conceito de renda disposto no art. 43 do CTN ao vedar a dedução do valor referente à contribuição social sobre o lucro líquido (CSSL) para apuração do lucro real, bem como para a identificação de sua própria base de cálculo".
> 2. Agravo regimental não provido.[77]

No que concerne à dedutibilidade dos juros de capital próprio, a Lei nº 12.973/2014 trouxe mudanças relativamente ao cálculo da remuneração a que se refere o *caput* do supracitado art. 9º da Lei nº 9.249/1995:

> Art. 9º. A pessoa jurídica poderá deduzir, para efeitos da apuração do lucro real, os juros pagos ou creditados individualizadamente a titular, sócios ou acionistas, a título de remuneração

---

[77] BRASIL. Superior Tribunal de Justiça. AgRg no REsp nº 1.139.547/RS. Relator: ministro Benedito Gonçalves. Julgamento em 26 de junho de 2012. *DJe*, 2 ago. 2012.

do capital próprio, calculados sobre as contas do patrimônio líquido e limitados à variação, pro rata dia, da Taxa de Juros de Longo Prazo – TJLP.

A redação anterior do § 8º do artigo preconizava que, no que tange ao cálculo da remuneração prevista no artigo citado acima, não seria considerado o valor de reserva de reavaliação de bens ou direitos da pessoa jurídica, exceto se esta fosse adicionada na determinação da base de cálculo do imposto de renda e da CSLL. Vejamos a nova redação dos §§ 8º e 12 do art. 9º da Lei nº 9.249/1995:

> § 8º. Para fins de cálculo da remuneração prevista neste artigo, serão consideradas exclusivamente as seguintes contas do patrimônio líquido: (Redação dada pela Lei nº 12.973, de 13 de maio de 2014)
> I - capital social; (Incluído pela Lei nº 12.973, de 13 de maio de 2014) (Vide art. 119 da Lei nº 12.973/2014)
> II - reservas de capital; (Incluído pela Lei nº 12.973, de 13 de maio de 2014) (Vide art. 119 da Lei nº 12.973/2014)
> III - reservas de lucros; (Incluído pela Lei nº 12.973, de 13 de maio de 2014) (Vide art. 119 da Lei nº 12.973/2014)
> IV - ações em tesouraria; e (Incluído pela Lei nº 12.973, de 13 de maio de 2014) (Vide art. 119 da Lei nº 12.973/2014)
> V - prejuízos acumulados. (Incluído pela Lei nº 12.973, de 13 de maio de 2014) (Vide art. 119 da Lei nº 12.973/2014)
> [...]
> § 12. Para fins de cálculo da remuneração prevista neste artigo, a conta capital social, prevista no inciso I do § 8º deste artigo, inclui todas as espécies de ações previstas no art. 15 da Lei nº 6.404, de 15 de dezembro de 1976, ainda que classificadas em contas de passivo na escrituração comercial. (Incluído pela

Lei nº 12.973, de 13 de maio de 2014) (Vide art. 119 da Lei nº 12.973/2014)

Anteriormente à Lei nº 9.249/1995, os custos não dedutíveis na determinação do lucro real não eram adicionados na apuração da base de cálculo da CSLL. O art. 13 dessa lei elencou despesas indedutíveis, tanto na apuração do lucro real quanto na base de cálculo da CSLL:

Art. 13. Para efeito de apuração do lucro real e da base de cálculo da contribuição social sobre o lucro líquido, são vedadas as seguintes deduções, independentemente do disposto no art. 47 da Lei nº 4.506, de 30 de novembro de 1964:

I - de qualquer provisão, exceto as constituídas para o pagamento de férias de empregados e de décimo terceiro salário, a de que trata o art. 43 da Lei nº 8.981, de 20 de janeiro de 1995, com as alterações da Lei nº 9.065, de 20 de junho de 1995, e as provisões técnicas das companhias de seguro e de capitalização, bem como das entidades de previdência privada, cuja constituição é exigida pela legislação especial a elas aplicável;

II - das contraprestações de arrendamento mercantil e do aluguel de bens móveis ou imóveis, exceto quando relacionados intrinsecamente com a produção ou comercialização dos bens e serviços;

III - de despesas de depreciação, amortização, manutenção, reparo, conservação, impostos, taxas, seguros e quaisquer outros gastos com bens móveis ou imóveis, exceto se intrinsecamente relacionados com a produção ou comercialização dos bens e serviços;

IV - das despesas com alimentação de sócios, acionistas e administradores;

V - das contribuições não compulsórias, exceto as destinadas a custear seguros e planos de saúde, e benefícios complementares assemelhados aos da previdência social, instituídos em favor dos empregados e dirigentes da pessoa jurídica;

VI - das doações, exceto as referidas no § 2º;

VII - das despesas com brindes;

VIII - de despesas de depreciação, amortização e exaustão geradas por bem objeto de arrendamento mercantil pela arrendatária, na hipótese em que esta reconheça contabilmente o encargo;

§ 1º. Admitir-se-ão como dedutíveis as despesas com alimentação fornecida pela pessoa jurídica, indistintamente, a todos os seus empregados.

§ 2º. Poderão ser deduzidas as seguintes doações:

I - as de que trata a Lei nº 8.313, de 23 de dezembro de 1991;

II - as efetuadas às instituições de ensino e pesquisa cuja criação tenha sido autorizada por lei federal e que preencham os requisitos dos incisos I e II do art. 213 da Constituição Federal, até o limite de um e meio por cento do lucro operacional, antes de computada a sua dedução e a de que trata o inciso seguinte;

III - as doações, até o limite de dois por cento do lucro operacional da pessoa jurídica, antes de computada a sua dedução, efetuadas a entidades civis, legalmente constituídas no Brasil, sem fins lucrativos, que prestem serviços gratuitos em benefício de empregados da pessoa jurídica doadora, e respectivos dependentes, ou em benefício da comunidade onde atuem, observadas as seguintes regras:

a) as doações, quando em dinheiro, serão feitas mediante crédito em conta corrente bancária diretamente em nome da entidade beneficiária;

b) a pessoa jurídica doadora manterá em arquivo, à disposição da fiscalização, declaração, segundo modelo aprovado pela Secretaria da Receita Federal, fornecida pela entidade beneficiária, em que esta se compromete a aplicar integralmente os recursos recebidos na realização de seus objetivos sociais, com identificação da pessoa física responsável pelo seu cumprimento, e a não distribuir lucros, bonificações ou vantagens a dirigentes, mantenedores ou associados, sob nenhuma forma ou pretexto;

c) a entidade civil beneficiária deverá ser reconhecida de utilidade pública por ato formal de órgão competente da União.

Além dessas despesas, os demais custos e despesas incorridos, mas não dedutíveis na determinação do lucro real, não são adicionados na apuração da base de cálculo da CSLL. Porém, em algumas fiscalizações, os custos e despesas não dedutíveis na determinação do lucro real não são adicionados na apuração da base de cálculo da CSLL, sob o argumento de tratar-se de mero reflexo. Hiromi Higuchi[78] comenta que essa situação, em verdade, é um equívoco, justificando a decisão do Primeiro Conselho de Contribuintes sobre a base de cálculo da CSLL pelo Ac. nº 101-92.553/1999, no sentido de ratificar que somente a lei pode fixar a base de cálculo de tributo, não se admitindo que valores indedutíveis para efeito do IRPJ sejam adicionados às bases de cálculo de outros tributos sem expressa determinação legal.[79]

Bônus de adimplência fiscal

Instituído pelo art. 38 da Lei nº 10.637/2002 e regulamentado pela IN SRF nº 390/2004, o bônus de adimplência fiscal é aplicável às pessoas jurídicas submetidas ao regime de tributação com base no lucro real ou presumido e consiste num crédito que poderá ser deduzido da CSLL devida correspondente ao quarto trimestre do ano-calendário.

---

[78] HIGUCHI, Hiromi. *Imposto de renda das empresas*, 2013, op. cit., p. 801.
[79] No mesmo sentido: MINISTÉRIO DA FAZENDA. Conselho Administrativo de Recrusos Fiscais. Acórdão nº 101-92.553/99. *DOU*, 3 maio 2000. MINISTÉRIO DA FAZENDA. Conselho Administrativo de Recursos Fiscais. Acórdão nº 107-05.150/98. *DOU*, 15 jun. 1999. MINISTÉRIO DA FAZENDA. Conselho Administrativo de Recursos Fiscais. Acórdão nº 101-92.979/00. *DOU*, 3 maio 2000.

O bônus de adimplência fiscal, nos termos do art. 38 da Lei nº 10.637/2002:

> § 1º. [...]
> I - corresponde a 1% (um por cento) da base de cálculo da CSLL determinada segundo as normas estabelecidas para as pessoas jurídicas submetidas ao regime de apuração com base no lucro presumido;
> II - será calculado em relação à base de cálculo referida no inciso I, relativamente ao ano-calendário em que for permitido seu aproveitamento.
> § 2º. Na hipótese de período de apuração trimestral, o bônus será calculado em relação aos 4 (quatro) trimestres do ano-calendário e poderá ser deduzido da CSLL devida correspondente ao último trimestre.
> § 3º. Não fará jus ao bônus a pessoa jurídica que, nos últimos 5 (cinco) anos-calendário, se enquadre em qualquer das seguintes hipóteses, em relação a tributos e contribuições administrados pela Secretaria da Receita Federal:
> I - lançamento de ofício;
> II - débitos com exigibilidade suspensa;
> III - inscrição em dívida ativa;
> IV - recolhimentos ou pagamentos em atraso;
> V - falta ou atraso no cumprimento de obrigação acessória.
> § 4º. Na hipótese de decisão definitiva, na esfera administrativa ou judicial, que implique desoneração integral da pessoa jurídica, as restrições referidas nos incisos I e II do § 3º serão desconsideradas desde a origem.
> [...]
> § 6º. A dedução do bônus dar-se-á em relação à CSLL devida no ano-calendário.
> § 7º. A parcela do bônus que não puder ser aproveitada em determinado período poderá sê-lo em períodos posteriores,

vedado o ressarcimento ou a compensação distinta da referida neste artigo.

O bônus deverá ser registrado na contabilidade do beneficiário, na conta de ativo circulante e a crédito de lucros ou prejuízos acumulados.

A utilização indevida do bônus implica a imposição da multa de 150% (inciso I do *caput* do art. 44 da Lei nº 9.430/1996). Caso o contribuinte não atenda, no prazo marcado, a intimação para prestar esclarecimentos, a multa passará a ser de 225%.

Base de cálculo negativa da CSLL

A base de cálculo negativa é a expressão utilizada para identificar o que, na apuração do IRPJ, denominamos *prejuízo fiscal*. O parágrafo único do art. 44 da Lei nº 8.383/1991 veio permitir, para as pessoas jurídicas tributadas no lucro real, a compensação da base de cálculo negativa da CSLL, apurada a partir de 1º de janeiro de 1992, com a base positiva apurada em períodos posteriores. Dessa forma, uma vez apurada a base de cálculo negativa, o contribuinte fará jus ao seu aproveitamento em exercícios futuros, ao limite de 30% do resultado ajustado pelas adições e exclusões previstas na legislação (art. 58 da Lei nº 8.981/1995 e art. 16 da Lei nº 9.065/1995).

Essa limitação de redução do lucro líquido ajustado não se aplica ao resultado decorrente de exploração de atividade rural (a partir de 1995) relativamente à compensação de base de cálculo negativa da CSLL, conforme o art. 41 da MP nº 2.158-35/2001. A pessoa jurídica que explorar outras atividades além da atividade rural deverá segregar a base negativa da CSLL de cada atividade, podendo essa segregação ser feita na forma do art. 8º da IN SRFB nº 257/2002. Vejamos jurisprudência do Tribunal Regional Federal da Primeira Região concernente ao assunto:

TRIBUTÁRIO. COMPENSAÇÃO. ATIVIDADE RURAL. BASE DE CÁLCULO NEGATIVA DA CSLL. PERÍODOS ANTERIORES A 1995. LIMITE MÁXIMO DE 30%. ART. 58, DA LEI Nº 8.981/95. 1. Refere-se o presente caso à possibilidade de empresa do ramo rural efetuar a compensação integral da base de cálculo negativa da CSLL, apurada em períodos anteriores a 1995, sem a aplicação do limite máximo de 30% (trinta por cento) previsto no art. 58, da Lei nº 8.981/95. 2. A Lei nº 8.023/90 alterou a legislação do Imposto de Renda sobre o resultado da atividade rural, de modo que a ausência de previsão de limitação para compensação de prejuízos, prevista no art. 14, não poderia ser aplicada à CSLL, tributo com incidência e base de cálculo distintas. 3. Apenas com o advento da Medida Provisória nº 2.158-35/2001 houve disposição legal expressa no sentido de afastar o limite máximo para compensação da base de cálculo negativa da CSLL quanto ao resultado decorrente da exploração da atividade rural. Contudo, o afastamento da limitação previsto no art. 41, da referida Medida Provisória se deu apenas com relação ao disposto no art. 16, da Lei nº 9.065/95 para abranger apenas as compensações da base de cálculo negativa da CSLL apurada a partir do encerramento do ano-calendário de 1995. 4. Tendo a Recorrente afastado por conta própria o limite máximo de 30% quanto aos períodos anteriores a 1995, não se evidencia qualquer ilegalidade no auto de infração questionado. 5. Apelação desprovida.[80]

Atualmente, remanesce uma discussão no STF acerca da constitucionalidade do limite à compensação da base de cálculo negativa, com a repercussão geral reconhecida no *leading case*

---

[80] BRASIL. Tribunal Regional Federal. Primeira Região. AC nº 4154/GO 0004154-04.2002.4.01.3500. Relator: juiz federal Wilson Alves de Souza. Quinta Turma Suplementar. Julgamento em 12 de março de 2013. *E-DJF1*, 22 mar. 2013, p. 576.

RE nº 591.340/SP, de relatoria do ministro Marco Aurélio. No entanto, em que pese o reconhecimento, os precedentes do STF assentam a constitucionalidade da limitação à compensação, como se verifica no RE nº 612.737 AgR/BA:

> Ementa: AGRAVO REGIMENTAL. TRIBUTÁRIO. IMPOSTO SOBRE A RENDA E PROVENTOS DE QUALQUER NATUREZA. CONTRIBUIÇÃO SOBRE O LUCRO LÍQUIDO. COMPENSAÇÃO DE PREJUÍZOS FISCAIS E DA BASE NEGATIVA DA CSLL. VIOLAÇÃO DOS CONCEITOS CONSTITUCIONAIS DE RENDA E DE LUCRO. VIOLAÇÃO DA REGRA DA ANTERIORIDADE. INEXISTÊNCIA. Segundo orientação firmada por esta Suprema Corte, a compensação de prejuízos fiscais acumulados e da base de cálculo negativa da CSLL representam benefícios fiscais, cuja ausência não viola os conceitos constitucionais de renda ou de lucro. Tal entendimento aplica-se às modificações realizadas pela IN 198 e pela IN 90, não obstante ter-se firmado no julgamento da constitucionalidade dos arts. 42 e 58 da Lei nº 8.981/1995. Agravo regimental ao qual se nega provimento.[81]

Assim, os precedentes informam a tendência da Corte pela manutenção da limitação do aproveitamento da base de cálculo negativa da CSLL.

Segundo o art. 22 da MP nº 2.158-35/2001, aplica-se à base de cálculo negativa da CSLL o disposto nos arts. 32 e 33 do Decreto-Lei nº 2.341/1987, os quais determinam as limitações à compensação de prejuízos fiscais:

> Art. 32. A pessoa jurídica não poderá compensar seus próprios prejuízos fiscais, se entre a data da apuração e da compensação

---

[81] BRASIL. Supremo Tribunal Federal. RE nº 612.737 AgR/BA. Relator: ministro Joaquim Barbosa. Julgamento em 4 de outubro de 2011. *DJe*, 28 out. 2011.

houver ocorrido, cumulativamente, modificação de seu controle societário e do ramo de atividade.

Art. 33. A pessoa jurídica sucessora por incorporação, fusão ou cisão não poderá compensar prejuízos fiscais da sucedida. Parágrafo único. No caso de cisão parcial, a pessoa jurídica cindida poderá compensar os seus próprios prejuízos, proporcionalmente à parcela remanescente do patrimônio líquido.

As vedações passaram a ser aplicadas à base de cálculo da CSLL a partir de 1º de outubro de 1999, pois antes da alteração somente aplicavam-se na determinação do lucro real para pagamento de imposto de renda.

Análise jurisprudencial

> SEGUNDO AGRAVO REGIMENTAL NO RECURSO EXTRAORDINÁRIO. CSLL. MAJORAÇÃO DE ALÍQUOTA. ARTIGO 11, LEI 8.114/90. ANTERIORIDADE NONAGESIMAL. NECESSIDADE DE OBSERVÂNCIA. IRRETROATIVIDADE. AFRONTA. PRECEDENTES. 1. O Plenário da Corte reiteradamente tem declarado a inconstitucionalidade de leis, por ofensa ao princípio da irretroatividade, em virtude da *inexigibilidade da CSLL dentro do prazo de noventa dias da publicação da norma* (art. 195, § 6º, CF) que a institui ou majora sua alíquota. 2. Indevida a majoração imposta pelo art. 11, da Lei nº 8.114/90, no exercício de 1991, sobre o lucro apurado no ano-base 1990. 3. Agravo regimental não provido.[82]

---

[82] BRASIL. Supremo Tribunal Federal. RE nº 218.947/CE. Relator: ministro Dias Toffoli. Primeira Turma. Julgamento em 4 de fevereiro de 2014. *DJe*-040, 26 fev. 2014, grifo nosso.

AGRAVO. ART. 557 DO CPC. TRIBUTÁRIO. CSLL. INSTITUIÇÕES FINANCEIRAS. MP Nº 413/08. MAJORAÇÃO DE ALÍQUOTA. CONSTITUCIONALIDADE REAFIRMADA. AGRAVO DESPROVIDO. 1. A jurisprudência desta Corte Regional, na esteira de entendimento perfilhado pelo Supremo Tribunal Federal, é assente no sentido de afirmar *constitucional a tributação diferenciada para instituições financeiras, in casu, a Contribuição Social sobre o Lucro Líquido – CSLL, bem como a possibilidade de elevação do percentual da referida exação por intermédio de medida provisória*. Precedentes. 2. As razões aduzidas pelo agravante não se mostram suficientes a ensejar a reforma da decisão agravada. 3. Agravo desprovido.[83]

PROCESSUAL. TRIBUTÁRIO. CONTRIBUIÇÃO SOCIAL SOBRE O LUCRO LÍQUIDO – CSLL. BASE DE CÁLCULO. JUROS SOBRE O CAPITAL PRÓPRIO. EXCLUSÃO. POSSIBILIDADE A PARTIR DO ANO-CALENDÁRIO DE 1997. 1. A tese de violação do art. 110 do CTN não se comporta nos estreitos limites do recurso especial, já que, para tanto, faz-se necessário examinar a regra constitucional de competência, tarefa reservada à Suprema Corte, nos termos do art. 102 da CF/88. Precedentes. 2. Os juros sobre capital próprio somente podem ser excluídos da base de cálculo da Contribuição Social sobre o Lucro Líquido – CSLL a partir do exercício financeiro de 1997, quando se tornou efetiva a revogação do art. 9º, § 10, da Lei nº 9.249/95 pelo art. 87 da Lei nº 9.430/96. 3. *A lei pode admitir a dedução dos juros referentes à remuneração do capital próprio para a apuração do Imposto de Renda, sem admiti-la em relação à Contribuição Social, conforme o fez o § 10 do art. 9º da Lei nº

---

[83] BRASIL. Tribunal Regional Federal. Terceira Região. MAS nº 014.378/SP 0014378-91.2008.4.03.6100. Relator: desembargador federal Nelton dos Santos. Sexta Turma. Julgamento em 5 de junho de 2014. *DE*, 16 jun. 2014, grifo nosso.

9.249/95. Precedentes de ambas as Turmas de Direito Público do STJ. 4. Recurso especial não provido.[84]

TRIBUTÁRIO – CSLL – ART. 41, § 3º, II DA LEI Nº 10.637/02 – BÔNUS DE ADIMPLÊNCIA FISCAL – RESTRIÇÃO – INCONSTITUCIONALIDADE – NÃO CARACTERIZADA 1. A agravante pretende o recolhimento da CSLL, com dedução do denominado "bônus de adimplência fiscal" da base de cálculo, afastando-se, por conseguinte, o disposto no art. 38, § 3º, inciso II, da Lei nº 10.637/02 que *restringe a utilização do bônus por empresas que possuam créditos tributários com a exigibilidade suspensa*. 2. A concessão do bônus de adimplência fiscal constitui benefício fiscal outorgado pelo legislador, razão pela qual não implica violação aos princípios da isonomia e da igualdade, constitucionalmente assegurados.[85]

TRIBUTÁRIO. CSLL. IMUNIDADE. ART. 149, § 2º, INCISO I, DA CF/88. RECEITAS DE EXPORTAÇÃO. EXCLUSÃO DA BASE DE CÁLCULO. STF. REPERCUSSÃO GERAL. O STF, em sede de repercussão geral, ao julgar o RE 564.413 (Rel. Min. Marco Aurélio, DJE 12-08-2010) decidiu que *a CSLL não foi contemplada pela imunidade prevista no inciso I do § 2º do art. 149 da Constituição Federal*, acrescentado pela Emenda Constitucional nº 33/2001 (publicação em 03-11-2010).[86]

---

[84] BRASIL. Superior Tribunal de Justiça. REsp nº 1.090.336/RJ 2008/0205702-0. Relator: ministro Castro Meira. Segunda Turma. Julgamento em 25 de junho de 2013. *DJe*, 5 ago. 2013, grifo nosso.
[85] BRASIL. Tribunal Regional Federal. Terceira Região. AMS nº 028.974/SP 2002.61.00.028974-5. Relator: desembargador federal Mairan Maia. Sexta Turma. Julgamento em 20 de janeiro de 2011. *DE*, 27 jan. 2011, grifo nosso.
[86] BRASIL. Tribunal Regional Federal. Quarta Região. AC nº 083.423/PR 2003.70.00.083423-6. Relator: desembargador federal Jorge Antonio Maurique. Primeira Turma. Julgamento em 26 de junho de 2014. *DE*, 7 jul. 2014, grifo nosso.

TRIBUTÁRIO – PROCESSO CIVIL – IMUNIDADE DAS RECEITAS DECORRENTES DE EXPORTAÇÃO – ALCANCE – CPMF – MATÉRIA CONSTITUCIONAL – INCOMPETÊNCIA DO SUPERIOR TRIBUNAL DE JUSTIÇA – CSLL – EXTENSÃO DA REGRA DE ISENÇÃO – IMPOSSIBILIDADE – INTERPRETAÇÃO RESTRITIVA – PIS E COFINS – INCIDÊNCIA NA RECEITA DECORRENTE DE VARIAÇÃO CAMBIAL POSITIVA – IMPOSSIBILIDADE – PRECEDENTES. 1. O Tribunal Regional afastou a pretensão da impetração de imunidade da CPMF sobre as receitas decorrentes de exportação à luz de preceitos constitucionais, o que afasta a competência do Superior Tribunal de Justiça para conhecer da irresignação. Precedentes. 2. *A Contribuição Social sobre o Lucro Líquido incide sobre o lucro, assim entendido o valor do resultado do exercício, antes da provisão para o imposto de renda, que não se confunde com a receita bruta ou faturamento, de modo que não há como estender o alcance da regra de isenção da receita decorrente de exportações para alcançar base de cálculo diversa.* 3. A jurisprudência do STJ alberga o entendimento segundo o qual as receitas decorrentes da variação cambial positiva são alcançadas pela regra de isenção prevista no art. 14 da Medida Provisória 2.158-35/2001. 4. Recurso especial do contribuinte conhecido em parte e, nessa parte, não provido. 5. Recurso especial da União não provido.[87]

Questões de automonitoramento

1) Após ler este capítulo, você é capaz de resumir o caso gerador do capítulo 5, identificando as partes envolvidas, fixando os

---

[87] BRASIL. Superior Tribunal de Justiça. REsp nº 1.004.430/SC 2007/0264375-6. Relatora: ministra Eliana Calmon. Segunda Turma. Julgamento em 27 de outubro de 2009. *DJe*, 23 nov. 2009, grifo nosso.

principais pontos de análise que diferenciam a apuração da CSLL e do IRPJ?

2) O que se pode entender por "bônus de adimplência fiscal"?

3) Quais as principais adições à apuração da base de cálculo do IRPJ que não são aplicáveis à CSLL?

4) Explicite a forma de apuração e aproveitamento da base de cálculo negativa da CSLL.

5

Sugestões de casos geradores

IRPJ – Questões específicas e tributação das operações financeiras (cap. 1)

Caso 1

A Toys Baby Inc., sociedade sediada nos Estados Unidos da América, após análise de possíveis investimentos no Brasil, pretende adquirir 100% da participação societária da sociedade Brinquedos Cometa Ltda., empresa familiar que possui dois sócios. A propriedade das cotas da Brinquedos Cometa Ltda. está registrada sob duas *holdings* familiares, que são controladas pelos sócios pessoas físicas.

O valor da aquisição será de R$ 300 milhões, enquanto o patrimônio líquido (PL) da Brinquedos Cometa Ltda. é de R$ 100 milhões.

Atendendo a recomendação de seus auditores e advogados, a Toys Baby Inc. constituiu uma sociedade no Brasil (Toys Baby S/A) com os recursos necessários para a aquisição do investimento.

Por sua vez, os auditores e advogados da Brinquedos Cometa Ltda. recomendaram que a alienação fosse efetuada por intermédio das pessoas físicas e não pelas pessoas jurídicas. Dessa forma, foi efetuada a redução do capital social das *holdings* familiares, de sorte que a participação societária da Brinquedos Cometa Ltda. passassem a ser de propriedade das pessoas físicas.

Após todo o processo de reestruturação societária, as pessoas físicas alienaram o investimento para a Toys Baby S/A, que reconheceu um ágio na aquisição de investimento de R$ 200 milhões, cujo fundamento econômico foi a expectativa de rentabilidade futura.

Um mês após a aquisição do investimento, a Toys Baby S/A incorporou a Brinquedos Cometa Ltda. e passou a amortizar o ágio como despesa dedutível à razão de 1/60 ao mês.

Passados três anos, o auditor fiscal da Secretaria de Receita Federal do Brasil inicia processo de fiscalização sobre a operação e, depois de seis meses:

1) Lavra auto de infração contra a Brinquedos Cometa Ltda., glosando a despesa com a amortização de ágio, com a alegação de que houve simulação na operação, pois a Toys Baby S/A não passou de uma empresa veículo. Portanto não houve fundamento econômico algum na operação. Por consequência, exige a diferença tributária sobre a despesa indevidamente deduzida e aplica a multa qualificada de 150%.

2) Lavra auto de infração contra as pessoas físicas, sob a alegação de que também houve simulação na operação, pois a alienação deveria ter sido efetuada pela pessoa jurídica, no caso as *holdings* familiares, e aplica multa qualificada de 150% sobre os tributos devidos.

Diante desses fatos, pergunta-se:

1) A alegação da fiscalização federal de que despesa com a amortização com ágio é indedutível para fins de apuração do IRPJ e CSLL procede?

2) Sendo negativa a resposta, quais seriam os argumentos que o contribuinte poderia trazer em sua defesa?
3) A alegação da fiscalização federal de que a alienação do investimento pela pessoa física é uma simulação procede?
4) Sendo negativa a resposta, quais seriam os argumentos que o contribuinte poderia trazer em sua defesa?
5) Existe fundamento para a aplicação da multa qualificada no presente caso?

Caso 2

Considere os seguintes dados hipotéticos: a Petróleo Falcão S/A, empresa brasileira, não efetuou a distribuição de juros sobre o capital próprio (JCP) para seus acionistas nos anos-calendário de 2010 e 2011, visto que apurou prejuízo fiscal. Agora, pretende efetuar o pagamento dos JCP aos acionistas sobre os resultados da companhia em 2010 e 2011 no curso do ano-calendário 2012. Pergunta-se:

1) É possível realizar o pagamento em 2012 dos JCP referente aos anos-calendário de 2010 e 2011?
2) Nesse caso, a operação estaria de acordo com o chamado princípio da competência dos exercícios?
3) Quais seriam as implicações tributárias em virtude da distribuição dos JCP em época distinta daquela em que foram calculados?
4) Podemos equiparar as operações de mútuo a uma aplicação financeira de renda fixa?

IR – Imposto de renda de pessoas físicas (cap. 2)

A sociedade LL Gladiadores S/A instituiu um plano de opções para sua diretora Eduarda Maria, concedendo-lhe, no dia 15/5/2003, quando as ações valiam R$ 0,90, o direito de exercer a opção de compra de mil ações ao valor de R$ 1,00 por ação, no dia 31/12/2003. Nesse mesmo dia (31/12/2003), as ações valiam R$ 1,20.

Em 15/3/2004, a Receita Federal autua Eduarda com base no art. 26 da Lei nº 4.506/1964, o qual determina que "são tributáveis os rendimentos recebidos na forma de bens e direitos avaliados em dinheiro pelo valor que tiverem na data da percepção" pelo valor das ações em 15/5/2003. Considerando-se o fato gerador do IRPF como a aquisição da disponibilidade econômica ou jurídica, analise e responda:

1) Procede a autuação lavrada pela Receita Federal? Por quê?
2) Em caso contrário, diga em que momento se daria a aquisição da disponibilidade dos rendimentos e qual a base de cálculo aplicável.

IR – Incentivos fiscais (cap. 3)

Caso 1

Foi apresentado à diretoria de uma empresa industrial, que apura o imposto de renda sob o regime do lucro real anual (antecipações mensais), um projeto de patrocínio cultural de uma série de apresentações de música clássica, envolvendo um investimento da ordem de R$ 9 milhões, assinalando-se que o projeto já foi aprovado pelo Ministério da Cultura e que o patrocinador gozará dos benefícios da Lei Rouanet.

Antes mesmo que a diretoria decidisse pelo patrocínio, surgiu outra oportunidade, também na área cultural, da ordem de R$ 12 milhões, para investimento em um projeto previamente aprovado pela Ancine, com base na Lei de Audiovisual, referente à produção de obra audiovisual cinematográfica brasileira de produção independente.

Pergunta-se quais os benefícios tributários aplicáveis aos dois projetos e qual deles se apresentaria mais vantajoso, considerando: (1) a expectativa da empresa de apurar um lucro real tributável da ordem de R$ 50 milhões; e (2) nenhum outro benefício tributário será aproveitado concomitantemente no período.

Elabore cálculos aproximados dos benefícios considerando as informações acima.

Caso 2

Uma empresa multinacional foi convidada a patrocinar um grande projeto esportivo envolvendo uma equipe de voleibol, atrelado a um programa de desporto educacional para alunos de escolas públicas municipais, proporcionando uma grande exposição na mídia e a vinculação da marca do principal produto da empresa a um projeto que reunirá esporte e educação.

O projeto, ainda não submetido à aprovação do Ministério dos Esportes, foi apresentado antecipadamente para que você o avalie especificamente acerca do aproveitamento de benefícios fiscais na apuração do imposto de renda.

Indique quais seriam os pontos fundamentais que o projeto deveria conter para que a empresa fosse beneficiária da dedução do patrocínio do imposto de renda devido.

Contribuição Social sobre o Lucro Líquido (CSLL) (cap. 4)

A apuração e o pagamento da CSLL estão disciplinados no âmbito da Receita Federal na Instrução Normativa (IN) SRF nº 390/2004, sendo, portanto, a Secretaria da Receita Federal o órgão competente e responsável pela administração e fiscalização do tributo. A IN, em seu art. 50, parágrafo único, regulamenta a possibilidade de dedutibilidade dos tributos e contribuições na determinação do resultado ajustado, excepcionando dessa dedutibilidade os tributos e contribuições cuja exigibilidade esteja suspensa, nos seguintes termos:

> Art. 50. Os tributos e contribuições são dedutíveis, na determinação do resultado ajustado, segundo o regime de competência.
> Parágrafo único. O disposto no *caput* não se aplica aos tributos e contribuições cuja exigibilidade esteja suspensa em virtude de:
> I - depósito, ainda que judicial, do montante integral do crédito tributário;
> II - impugnação, reclamação ou recurso, nos termos das leis reguladoras do processo tributário administrativo;
> III - concessão de medida liminar em mandado de segurança;
> IV - concessão de medida liminar ou de tutela antecipada em outras espécies de ação judicial.

Ocorre, no entanto, que tal disciplina (indedutibilidade dos tributos com exigibilidade suspensa) tem origem no art. 8º da Lei nº 8.541/1992:

> Art. 8º. Serão consideradas como redução indevida do lucro real, de conformidade com as disposições contidas no art. 6º, § 5º, alínea "b", do Decreto-Lei nº 1.598, de 26 de dezembro de 1977, as importâncias contabilizadas como custo ou despesa, relativas a tributos ou contribuições, sua respectiva atualização monetária e as multas, juros e outros encargos, cuja exigibilidade esteja suspensa nos termos do art. 151 da Lei nº 5.172, de 25 de outubro de 1966, haja ou não depósito judicial em garantia.

Como se vê, o dispositivo acima se aplica exclusivamente ao lucro real, sem qualquer referência à apuração da base de cálculo da CSLL. Por outro lado, o art. 57 da Lei nº 8.981/1995, harmonizando a forma de apuração e pagamento do IRPJ e da CSLL, assim dispõe:

Art. 57. Aplicam-se à Contribuição Social sobre o Lucro (Lei nº 7.689, de 1988) as mesmas normas de apuração e de pagamento estabelecidas para o imposto de renda das pessoas jurídicas, inclusive no que se refere ao disposto no art. 38, mantidas a base de cálculo e as alíquotas previstas na legislação em vigor, com as alterações introduzidas por esta Lei. (Redação dada pela Lei nº 9.065, de 1995)

§ 1º. Para efeito de pagamento mensal, a base de cálculo da contribuição social será o valor correspondente a dez por cento do somatório:

a) da receita bruta mensal;

b) das demais receitas e ganhos de capital;

c) dos ganhos líquidos obtidos em operações realizadas nos mercados de renda variável;

d) dos rendimentos produzidos por aplicações financeiras de renda fixa.

§ 2º. No caso das pessoas jurídicas de que trata o inciso III do art. 36, a base de cálculo da contribuição social corresponderá ao valor decorrente da aplicação do percentual de nove por cento sobre a receita bruta ajustada, quando for o caso, pelo valor das deduções previstas no art. 29. (Redação dada pela Lei nº 9.065, de 1995)

§ 3º. A pessoa jurídica que determinar o Imposto de Renda a ser pago em cada mês com base no lucro real (art. 35), deverá efetuar o pagamento da contribuição social sobre o lucro, calculando-a com base no lucro líquido ajustado apurado em cada mês.

§ 4º. No caso de pessoa jurídica submetida ao regime de tributação com base no lucro real, a contribuição determinada na forma dos §§ 1º a 3º será deduzida da contribuição apurada no encerramento do período de apuração.

Considerando estarmos diante de tributos diferentes, mas com forma de apuração e recolhimento idênticos:

1) Seria possível considerar o dispositivo da IN SRF nº 390/2004 ilegal por impor uma adição à base de cálculo da CSLL não prevista pela lei?
2) O art. 57 da Lei nº 8.981/1995 seria o fundamento para julgar válida a indedutibilidade prevista na IN SRF nº 390/2004?

Conclusão

O material relativo à tributação sobre a renda se propõe apresentar ao leitor as principais características e a estrutura desse importante conjunto de princípios e regras que respondem por um importante pilar do Sistema Tributário Brasileiro.

Nesse sentido, é possível observar a complexidade que envolve a tributação das rendas auferidas pelas pessoas físicas e jurídicas, devida, em grande parte, à amplitude do conceito de "renda" delineado pelo direito brasileiro. Sem dúvida, a exemplo do que ocorre em outras jurisdições, a tributação sobre a renda se caracteriza por estar em constante estado de evolução. Daí a dificuldade enfrentada pelos operadores de direito em colimar muitas dessas múltiplas disposições com um conceito tão abrangente como o de "renda".

Alie-se a isso o fato de ser justamente na tributação sobre a renda que talvez a interação entre o direito tributário e outras ciências que não a jurídica se mostra mais intensa. Em que pese o fato de que a grande maioria das materialidades eleitas pela Constituição como passíveis de incidência da tributação consistir em fatos econômicos, a verdade é que a tributação sobre a renda se forma a partir de fatos cuja elucidação depende de conhecimentos complementares. Por isso, cabe ao intérprete, instado a se posicionar nesse campo, navegar por conceitos manejados por outros ramos de conhecimento que não o direito tributário. Não por outra razão, o material apresentado contém referências diretas e indiretas a essa interação entre o direito tributário e outros ramos do direito (direito comercial e civil) ou até mesmo de outras ciências sociais, como a contabilidade e a economia.

Diante desse cenário, procurou-se mostrar inicialmente os principais aspectos relativos à estrutura e à apuração do imposto de renda, a partir da análise dos cinco elementos essenciais à tributação sobre a renda. A continuação do trabalho se propõe abordar os aspectos mais relevantes, divididos por subtemas específicos e contemporâneos, como as alterações contábeis, os incentivos fiscais, as estruturas negociais complexas, entre outros.

Esperamos, com isso, fazer com que o aluno possa absorver as noções mais essenciais da tributação sobre a renda. O objetivo é fazer com que o leitor possa não só tomar conhecimento dos conceitos fundamentais, mas também partir de uma abordagem que estimule a conciliação, o ensino e a investigação. Tudo isso aliado a uma inovadora metodologia de casos, a mais indicada para a absorção de conhecimentos teóricos e práticos, linha adotada pela FGV DIREITO RIO, seguindo o exemplo das mais prestigiosas instituições de ensino jurídico no mundo.

Referências

AMARO, Luciano. *Direito tributário brasileiro*. 9. ed. São Paulo: Saraiva, 2003.

ANAN JÚNIOR, Pedro. *Planejamento fiscal*. São Paulo: Quartier Latin, 2005.

____. *Fusão, cisão e incorporação de sociedades*. 3. ed. São Paulo: Quartier Latin, 2009.

ANDRADE FILHO, Edmar Oliveira. *Imposto de renda das empresas*. São Paulo: Atlas, 2010.

____. *Imposto de renda das empresas*. 9. ed. São Paulo: Atlas, 2012.

BALEEIRO, Aliomar. *Direito tributário brasileiro*. Atualiz. Misabel Abreu Machado Derzi. Rio de Janeiro: Forense, 2003.

BENTO, Paulo (Coord.). *Manual de tributação no mercado financeiro*. São Paulo: Saraiva, 2011.

CANTO, Gilberto de Ulhoa. A aquisição de disponibilidade e o acréscimo patrimonial no imposto sobre a renda. In: MARTINS, Ives Gandra da Silva (Coord.). *Imposto de renda*: conceitos, princípios e comentários. São Paulo: Atlas, 1996.

CARRAZZA, Roque Antonio. *Curso de direito constitucional tributário*. 19. ed. rev., ampl. e atualiz. até a Emenda Constitucional nº 39/2002. 2. tir. São Paulo: Malheiros, 2003.

_____. *Curso de direito constitucional tributário*. 21. ed. São Paulo: Malheiros, 2005.

CARVALHO, Fábio Junqueira de; MURGUEL, Maria Inês. *IRPJ*: teoria e prática jurídica. São Paulo: Dialética, 2000.

CARVALHO, Paulo de Barros. *Curso de direito tributário*. 16. ed. São Paulo: Saraiva, 2004.

CATÃO, Marcos André Vinhas. *Regime jurídico dos incentivos fiscais*. Rio de Janeiro: Renovar, 2004.

GASTINEAU, Gary L. E.; KRITZMAN, Mark P. *Dicionário de administração de risco financeiro*. Trad. Bolsa de Mercadorias e Futuros. São Paulo: BMF Brasil, 1999.

HARADA, Kiyoshi. *Direito financeiro e tributário*. 23. ed. São Paulo: Atlas, 2014.

HIGUCHI, Hiromi. *Imposto de renda das pessoas jurídicas*. São Paulo: IR, 2012.

_____. *Imposto de renda das empresas*: interpretação e prática. 38. ed. São Paulo: IR, 2013.

_____; HIGUCHI, Fábio Horoshi; HIGUCHI, Celso Hiroyuki. *Imposto de renda das empresas*: interpretação e prática. 31. ed. atualiz. até 10/1/2006. São Paulo: IR, 2006.

_____; _____; _____. *Imposto de renda das empresas*: interpretação e prática. 37. ed. atualiz. até 10/1/2012. São Paulo: IR, 2012.

IUDÍCIBUS, Sérgio; MARTINS, Eliseu; GELBCKE, Ernesto Rubens. *Manual de contabilidade das sociedades por ações*. 6. ed. São Paulo: Atlas, 2011.

MACHADO, Hugo de Brito. *Curso de direito tributário*. 25. ed. São Paulo: Malheiros, 2004.

MAIA, Mary Elbe G. Queiroz. *Imposto sobre a renda e proventos de qualquer natureza*: princípios, conceitos, regra-matriz de incidência, mínimo existencial, retenção na fonte, renda transnacional, lançamento, apreciações críticas. São Paulo: Manole, 2004.

MARTINS, Ives Gandra da Silva (Coord.). *Estudos sobre o imposto de renda* (em memória de Henry Tilbery). São Paulo: Resenha Tributária, 1994.

MOSQUERA, Roberto Quiroga. *Tributação do mercado financeiro e de capitais*. São Paulo: Dialética, 1998.

MUNIZ, Ian de Porto Alegre. *Fusões e aquisições*: aspectos fiscais e societários. 2. ed. São Paulo: Quartier Latin, 2011.

PAULSEN, Leandro. *Direito tributário*. 11. ed. São Paulo: Livraria do Advogado, 2009.

_____. *Direito tributário*: Constituição e Código Tributário à luz da doutrina e da jurisprudência. 15. ed. Porto Alegre: Livraria do Advogado, 2013.

PEDREIRA, José Luiz Bulhões. *Imposto de renda*. Rio de Janeiro: Justec, 1971.

PEIXOTO, Marcelo Magalhães; FERNANDES, Edison Carlos. *Aspectos tributários da nova lei contábil*. São Paulo: MP, 2010.

ROCHA, Valdir de Oliveira (Coord.). *Imposto de renda*: questões atuais e emergentes. São Paulo: Dialética, 1999.

RODRIGUES, Aldemir Ortiz et al. *IRPJ, CSL, PIS/Pasep e Cofins*. 2. ed. São Paulo: IOD, 2013. v. 2.

ROSA JR., Luiz Emygdio F. da. *Manual de direito financeiro e tributário*. 18. ed. rev. e atualiz. Rio de Janeiro: Renovar, 2005.

SAGE XRT SISTEMAS DE GESTÃO DE TESOURARIA. *IRPJ, CSL, PIS/Pasep e Cofins*. 2. ed. São Paulo: IOB, 2013. Col. IOB de Planejamento Tributário.

SCHOUERI, Luís Eduardo. *Ágio em reorganizações societárias (aspectos tributários)*. São Paulo: Dialética, 2012.

TORRES, Ricardo Lobo. *Curso de direito financeiro e tributário.* 9. ed. atualiz. até a publicação da Emenda Constitucional nº 33, de 11/12/2001, e da Lei Complementar nº 113, de 19/9/2001. Rio de Janeiro: Renovar, 2002.

Organizadores

Na contínua busca pelo aperfeiçoamento de nossos programas, o Programa de Educação Continuada da FGV DIREITO RIO adotou o modelo de sucesso atualmente utilizado nos demais cursos de pós-graduação da Fundação Getulio Vargas, no qual o material didático é entregue ao aluno em formato de pequenos manuais. O referido modelo oferece ao aluno um material didático padronizado, de fácil manuseio e graficamente apropriado, contendo a compilação dos temas que serão abordados em sala de aula durante a realização da disciplina.

A organização dos materiais didáticos da FGV DIREITO RIO tem por finalidade oferecer o conteúdo de preparação prévia de nossos alunos para um melhor aproveitamento das aulas, tornando-as mais práticas e participativas.

Joaquim Falcão – diretor da FGV DIREITO RIO

Doutor em educação pela Université de Génève. *Master of Laws* (LL.M) pela Harvard University. Bacharel em direito pela Pontifícia Universidade Católica do Rio de Janeiro (PUC-Rio).

Diretor da Escola de Direito do Rio de Janeiro da Fundação Getulio Vargas (FGV DIREITO RIO).

Sérgio Guerra – vice-diretor de ensino, pesquisa e pós-graduação da FGV DIREITO RIO

Pós-doutor em administração pública pela Ebape/FGV. Doutor e mestre em direito. *Visiting researcher* na Yale Law School (2014). Coordenador do curso International Business Law – University of California (Irvine). Editor da *Revista de Direito Administrativo* (RDA). Consultor jurídico da OAB/RJ (Comissão de Direito Administrativo). Professor titular de direito administrativo, coordenador do mestrado em direito da regulação e vice-diretor de ensino, pesquisa e pós-graduação da FGV DIREITO RIO.

Rafael Alves de Almeida – coordenador da pós-graduação *lato sensu* da FGV DIREITO RIO

Doutor em políticas públicas, estratégias e desenvolvimento pelo Instituto de Economia da Universidade Federal do Rio de Janeiro (UFRJ). *Master of Laws* (LL.M) em *international business law* pela London School of Economics and Political Science (LSE). Mestre em regulação e concorrência pela Universidade Candido Mendes (Ucam). Formado pela Escola de Magistratura do Estado do Rio de Janeiro (Emerj). Bacharel em direito pela UFRJ e em economia pela Ucam.

Colaboradores

Os cursos de pós-graduação da FGV DIREITO RIO foram realizados graças a um conjunto de pessoas que se empenhou para que eles fossem um sucesso. Nesse conjunto bastante heterogêneo, não poderíamos deixar de mencionar a contribuição especial de nossos professores e assistentes de pesquisa em compartilhar seu conhecimento sobre questões relevantes ao direito. A FGV DIREITO RIO conta com um corpo de professores altamente qualificado que acompanha os trabalhos produzidos pelos assistentes de pesquisa envolvidos em meios acadêmicos diversos, parceria que resulta em uma base didática coerente com os programas apresentados.

Nosso especial agradecimento aos colaboradores da FGV DIREITO RIO que participaram deste projeto:

Artur Diego Amorim Vieira

Doutorando e mestre em direito. Servidor público municipal lotado na Procuradoria Geral do Município do Rio de Janeiro. Assistente de ensino e de pesquisa nos cursos de pós-graduação da FGV DIREITO RIO. Graduado em direito pela Universidade Candido Mendes (Ucam). Tem experiência na área de direito, com ênfase em direito processual civil.

Bruno Curi

Advogado tributarista. Mestre em ciências jurídicas e sociais pela Universidade Federal Fluminense (UFF). Especialista em direito tributário pelo Instituto Brasileiro de Estudos Tributários (Ibet/Rio).

Eliana Pulcinelli

Mestre em direito público e doutoranda em direito pela Universidade Estácio de Sá (Unesa). Pós-graduada em direito administrativo. Professora de direito tributário (FGV Law Program).

Flávia Holanda

Mestre e doutoranda em direito tributário pela Pontifícia Universidade Católica de São Paulo (PUC-SP). Especialista em direito internacional tributário pela Universidad de Salamanca (Usal, Espanha). Professora conferencista convidada nos seminários de filosofia do direito da Universidad San Pablo (CEU, Madri). Professora conferencista no LL.M em direito empresarial e direito tributário da FGV. Professora conferencista do curso de especialização em direito tributário da PUC-SP (Coordenadoria Geral de Especialização, Aperfeiçoamento e Extensão – Cogeae). Professora conferencista no curso de especialização em direito tributário do Instituto Brasileiro de Estudos Tributários (Ibet). Membro da Comissão de Bitributação da Câmara de Comércio

Brasil-Canadá (CCBC). Representante no Nordeste da Câmara de Comércio Brasil-Holanda (Dutcham). Graduada em direito pela Universidade Federal de Alagoas (Ufal).

Gabriel Fiuza Couto

Formado pela Faculdade Nacional de Direito da Universidade Federal do Rio de Janeiro (UFRJ). Graduando em ciências contábeis pela Universidade do Sul de Santa Catarina (Unisul). Pós-graduando (LL.M) em direito tributário pela FGV. Atua como pesquisador e assistente de ensino nas disciplinas de contabilidade e direito tributário das pós-graduações da FGV DIREITO RIO. Advogado associado de Chediak Advogados.

Janssen Murayama

Advogado tributarista. Bacharel em direito e em ciências contábeis pela Universidade do Estado do Rio de Janeiro (Uerj). Pós-graduado em direito tributário pelo Instituto Brasileiro de Estudos Tributários (Ibet). Mestre em direito na linha de pesquisa de finanças públicas, tributação e desenvolvimento pela Uerj.

Leonardo Ribeiro Pessoa

Advogado especializado em direito empresarial e tributário. Mestre em direito empresarial e tributário pela Universidade Candido Mendes (Ucam). Pós-graduado no MBA em gestão empresarial em tributação e contabilidade pela Universidade Federal Fluminense (UFF). Pós-graduado em direito tributário e legislação de impostos pela Universidade Estácio de Sá (Unesa). Pós-graduado em docência do ensino superior pela Ucam. Pós-graduado em direito civil e processo civil pela Universidade Estácio de Sá (Unesa). Professor convidado do FGV Law Program FGV. Pesquisador da FGV. Professor de direito empresarial e tributário em diversas instituições de ensino no Brasil. Conselheiro do Conselho Empresarial de Assuntos Jurídicos da Associação Comercial do Rio de Janeiro. Foi superintendente jurídico da Federação do Comércio do Estado do Rio de Janeiro, além de exercer cargo de gerente jurídico em empresas nacionais. Membro da Academia Brasileira de Direito Tributário (ABDT). Afiliado à Associação Brasileira de Direito Tributário (Abradt). Sócio-pleno da Associação Brasileira de Direito Financeiro (ABDF). Associado *master* da Associação Paulista de Estudos Tributários (Apet). Sócio-professor do Instituto Brasileiro de Planejamento Tributário (IBPT). Membro da International Fiscal Association (IFA).

Leticia de Santis Mendes de Farias Mello

Desembargadora federal do Tribunal Regional Federal (TRF) da Quarta Região, integrante da Quarta Turma Especializada em Direito Tributário. Membro da Associação Brasileira de Direito Financeiro (ABDF) e da International Fiscal Association (IFA).

Marcos André Vinhas Catão

Professor de direito financeiro e tributário da FGV DIREITO RIO. Coordenador do curso de Fiscalidad Internacional Latinoamericana da Universidad Complutense de Madrid (Espanha). Doutor em direito público pela Universidad San Pablo (CEU, Madri). Mestre em direito tributário pela Universidade Candido Mendes (Ucam). Membro do General Council e do Permanent Scientific Comittee da International Fiscal Association (IFA). Diretor da Associação Brasileira de Direito Financeiro (ABDF).

Omar de Azevedo Teixeira

Formado pela Universidade Federal do Rio de Janeiro (UFRJ). Especialista em direito tributário pelo Instituto Brasileiro de Estudos Tributários (Ibet). MBA em gestão empresarial em tributação e contabilidade pela Universidade Federal Fluminense (UFF). Cursando ciências contábeis na Pontifícia Universidade Católica de Minas Gerais (PUC Minas).

Pedro Anan Júnior

Master of business administration – controller (MBA – Controller) pela Faculdade de Economia, Administração e Contabilidade da Universidade de São Paulo (FEA/USP). Especialista em direito empresarial pela Pontifícia Universidade Católica de São Paulo (PUC-SP). Foi membro da Segunda Turma da Segunda Câmara da Segunda Seção do Conselho Administrativo de Recursos Fiscais (Carf). Foi juiz substituto do Tribunal de Impostos e Taxas de São Paulo e conselheiro do Conselho Municipal de Tributos do Município de São Paulo. Advogado em São Paulo. Professor de direito tributário em: FGV, Fundação Armando Alvares Penteado (Faap), Escola Paulista de Direito (EPD), Associação Paulista de Estudos Tributários (Apet) Anhanguera, LFG, Fucape Business School e Fundação para Pesquisa e Desenvolvimento da Administração, Contabilidade e Economia (Fundace).

Rafael Dinoá Mann Medeiros

Advogado tributarista e contador. *Master of laws* (LL.M.) em direito tributário internacional pela Leiden Universiteit (Holanda). Mestrando em contabilidade tributária pela Fucape Business School.

Rafael Fuso

Advogado, mestre e doutorando em direito tributário pela Pontifícia Universidade Católica de São Paulo (PUC-SP). Conselheiro titular da Primeira Seção do Conselho Administrativo de Recursos Fiscais (Carf). Professor dos cursos de pós-graduação em direito tributário da FGV São Paulo e Rio de Janeiro, e nas faculdades de Direito e de Economia, Administração e Contabilidade da Universidade de São Paulo (USP).

Raphael Silva

Advogado tributarista e contador. Especialista em preços de transferência. Diretor da PricewaterhouseCoopers (PwC).

Richard Edward Dotoli Ferreira

Advogado tributarista. Doutorando em direito tributário pela Universidade do Estado do Rio de Janeiro (Uerj). Mestre em direito tributário pela Universidade Candido Mendes (Ucam). Pós-graduado em direito da empresa e da economia pela FGV. Professor de direito tributário nos cursos de pós-graduação da FGV. Professor da pós-graduação em direito financeiro e tributário da Universidade Federal Fluminense (UFF).

Tatiana Costa Alves Freu

Advogada com atuação na área tributária. Pós-graduada em direito tributário pela FGV. Formada pela Universidade Federal do Rio de Janeiro (UFRJ).

Thadeu Soares Gorgita Barbosa

Advogado tributarista. Pós-graduado em direito tributário e financeiro pela Universidade Federal Fluminense (UFF).

Pós-graduado em direito público e tributário pela Universidade Candido Mendes (Ucam). Assistente de pesquisa do LL.M em direito tributário da FGV DIREITO RIO.

Vânia Maria Castro de Azevedo

Pós-graduanda em língua portuguesa pela Universidade do Estado do Rio de Janeiro (Uerj). Graduada em comunicação social, com habilitação em jornalismo pelas Faculdades Integradas Hélio Alonso (Facha). Especializada em *publishing management: o negócio do livro* pela FGV. Atua no mercado editorial como copidesque e revisora de livros técnicos e científicos e, atualmente, como revisora do material didático dos cursos de extensão e especialização da FGV DIREITO RIO.

Este livro foi impresso nas oficinas gráficas da Editora Vozes Ltda.,
Rua Frei Luís, 100 – Petrópolis, RJ.